中央高校基本科研业务费专项资金资助项目
Fundamental Research Funds for the Central Universities

代理问题与股价崩盘风险研究

Agency Problem and Stock Price Crash Risk

李小荣　著

中国财经出版传媒集团

经济科学出版社
Economic Science Press

图书在版编目（CIP）数据

代理问题与股价崩盘风险研究/李小荣著 . —北京：
经济科学出版社，2017.5
ISBN 978 - 7 - 5141 - 8094 - 7

Ⅰ . ①代… Ⅱ . ①李… Ⅲ . ①股票投资 - 研究
Ⅳ . ①F830. 91

中国版本图书馆 CIP 数据核字（2017）第 129370 号

责任编辑：王　娟
责任校对：王苗苗
责任印制：邱　天

代理问题与股价崩盘风险研究
李小荣　著
——
经济科学出版社出版、发行　新华书店经销
社址：北京市海淀区阜成路甲 28 号　邮编：100142
总编部电话：010 - 88191217　发行部电话：010 - 88191522
网址：www. esp. com. cn
电子邮件：esp@ esp. com. cn
天猫网店：经济科学出版社旗舰店
网址：http://jjkxcbs. tmall. com
北京季蜂印刷有限公司印装
710×1000　16 开　12 印张　200000 字
2017 年 9 月第 1 版　2017 年 9 月第 1 次印刷
ISBN 978 - 7 - 5141 - 8094 - 7　定价：35. 00 元
（图书出现印装问题，本社负责调换。电话：010 - 88191510）
（版权所有　侵权必究　举报电话：010 - 88191586
电子邮箱：dbts@ esp. com. cn）

项目资助：

中央高校基本科研业务费专项资金资助项目

国家自然科学基金青年项目（71503283）

教育部人文社会科学研究青年基金项目（14YJC630069）

北京市社会科学基金青年项目（15JGC173）

中央财经大学青年科研创新团队支持计划资助项目

前　　言

　　资本市场的发展能促进经济增长。建立一个高效、透明和健康稳定的资本市场是各方努力的目标。公司的特质信息是否充分、及时反映到股价上，是衡量资本市场资源配置效率的重要标准。特别是公司的坏信息能否及时反映到股价上将影响到资本市场的健康发展。近年来，尤其是金融危机以来，一些学者发现公司的管理者基于薪酬最大化、职业生涯的考虑或帝国构建等动机、大股东基于侵占小股东利益的目的，倾向于隐藏公司的坏消息，导致股价的高估，并产生泡沫，但是隐藏坏消息存在成本，一旦公司的坏消息累积到一定程度，无法再隐藏时，公司的坏消息会突然全部释放出来，导致股价急剧下跌，增大了股价崩盘风险。股价崩盘是极端恶劣的经济后果，严重干扰了经济的增长，影响资本市场的健康稳定，也极大地打击了投资者信心。因此，股价崩盘风险成为一个重要和广受关注的热点研究领域。探究什么因素增加了股价崩盘风险和如何降低股价崩盘风险具有重要的理论和现实意义。

　　关于股价崩盘风险的研究已逐步从早期的理性预期均衡和行为金融学的框架转向代理理论框架。代理理论框架的股价崩盘风险研究着重从公司内部的代理问题引起的信息操控（隐藏坏消息、夸大财务业绩等）角度出发进行研究。目前，学者们主要从财务报告透明度、会计稳健性、税收规避、股权激励、政治事件、集团内部的关系型交易、分析师行为和女性高管等角度研究了股价崩盘风险。本书试图从代理问题视角研究股价崩盘风险。首先，本书研究了第一类代理问题（股东与管理者间的代理问题）与股价崩盘风险的关系，结合中国国情，从管理者追求薪酬最大化产生的代理问题角度研究股价崩盘风险，即超额薪酬和超额在职消费对股价崩盘风险的影响，并分别从国有企业和民营企业研究了它们之间的关系，随后检验了非效率投资、外部治理和 CEO 持股对超额薪酬、超额在职消费与股价崩盘风险关系的影响。其次，本书研究了第二类代理问题（大股东与小股东的代理问题）与股价崩盘风险的关系，鉴于金字塔结构在中国的普遍性和金字塔结构常用来研究第二类代理问题，从金字塔结构视角研究了股价崩盘风险，同时考察了国有企业金字塔层级和民营企业金字塔层级与股价崩盘风险的关系，并研究了透明度、关联交易和香港上市对国有企业金字塔层级与股价崩盘风险关系的影响。最后，本书从债权治理视角，研究了股东—债权人代理问题与股价崩盘风险的关系，借用债务诉讼这个外生事件，检验了债务诉讼对股价崩盘风险的影响，深入分析和检验了债务诉讼影响股价崩盘风险的机理，并研究了法律环境和债权人债务人相对谈判力对债权治理与股价崩盘风险关系的影响。

采用中国上市公司非金融行业的数据进行实证研究，通过研究，本书得到如下的实证结论：

1. 对于国有企业，正向的超额薪酬和正向的超额在职消费与股价崩盘风险显著正相关，负向的超额薪酬和超额在职消费与股价崩盘风险无显著关系；民营企业的超额薪酬和超额在职消费对股价崩盘风险无显著影响；在国有样本中，非效率投资高时，正向的超额薪酬和正向的超额在职消费与股价崩盘风险显著正相关，非效率投资低时，它们之间的关系不显著；市场化指数低、机构投资者比例低、雇用非四大会计师事务所和CEO不持股的国有企业，正向超额薪酬和正向超额在职消费与股价崩盘风险显著正相关，反之，正向超额薪酬、正向超额在职消费与股价崩盘风险无显著关系，说明外部治理强和CEO持股可以降低代理问题，进而降低正向超额薪酬和正向超额在职消费与股价崩盘风险的正相关关系。

2. 国有企业金字塔层级与股价崩盘风险显著负相关，民营企业金字塔层级与股价崩盘风险无显著线性关系。财务报告越不透明、关联交易越多，国有企业金字塔层级与股价崩盘风险的负相关关系越弱。赴香港上市的国有企业，金字塔层级与股价崩盘风险的负相关关系越强。在拓展性研究部分，笔者还发现，国有企业的金字塔层级与股价同步性显著负相关；民营企业的金字塔层级与股价崩盘风险、股价同步性呈倒 U 型关系。

3. 债权治理可以显著降低股价崩盘风险。债务诉讼后盈余管理的降低和会计稳健性的提高，是债权治理影响股价崩盘风险的路径。在法制环境强的地区，债权治理才能降低股价崩盘风险，但是在法制环境弱的地区，债权治理未发挥降低股价崩盘风险的作用。当债权人相对债务人谈判能力强时，债权治理与股价崩盘风险显著负相关，但当债权人相对债务人谈判能力弱时，债权治理的作用未发挥。说明债权治理在中国作用的发挥是有条件的，取决于外部法律环境的好坏和债权人与债务人相对谈判能力的强弱。

　　本书的主要贡献在于：第一，丰富了股价崩盘风险领域的研究。现有文献已从财务报告透明度、会计稳健性、税收规避、股权激励、政治事件、国际会计准则趋同、集团内部关系型交易、分析师乐观冲突和女性高管等角度研究了股价崩盘风险。本书从超额货币薪酬、超额在职消费、金字塔结构和债权治理角度研究股价崩盘风险，拓展了股价崩盘风险影响因素的研究。第二，拓展了显性薪酬（货币薪酬）和隐性薪酬（在职消费）经济后果的研究。以前的文献基本上研究货币薪酬对公司业绩的影响或在职消费对公司业绩的影响。本书研究了超额薪酬和超额在职消费对股价崩盘风险的影响，进一步深化了显性薪酬（货币薪酬）和隐性薪酬（在职消费）经济后果的研究。之前的研究基本上发现薪酬的正面激励效果，本书发现薪酬的负面经济后果，为薪酬契约本身也是一种代理问题提供了进一步的经验证据。第三，研究了金字塔结构与股价崩盘风险的关系，丰富了金字塔经济后果的研究，特别是本书发现国有企业金字塔层级与股价崩盘风险显著负相关，表明国有企业金字塔结构在股价崩盘风险上的正面经济后果，为范等（Fan et al.，2012）提出的国有企业金字塔结构的"放权让利"理论提供了进一步的经验证据。第四，目前关于新兴市场国家的债权治理作用的研究得出的结论并不一致，本书借助债务诉讼的外生事件验证了债务契约在股价崩盘风险上的治理作用，提供了债权治理理论在中国适用性的经验证据。同时本书在检验债权治理上使用的外生事件克服了以前检验债权治理存在的内生性，得出的结论更为直接和可靠。

　　本书除了具有上述理论贡献外，还具有重要的现实意义：首先，本书的研究对如何降低股价崩盘风险、保障我国资本市场的稳定发展具有重要的政策启示。企业内部的代理问题是增加股价崩盘风险的重要原因之一，因此，监管部门或公司可以采取降低公司内部代理问题的措施降低股价崩盘风险。其次，本书对中国薪酬制度的改革具有启示。近年来"天价薪酬"引起了社会的广泛关注，但是"天价薪酬"到底会带来什么恶劣经济后果却知之甚少，本书发现超额薪酬和超额在职消费增加了股价崩盘风险，无疑对监管部门规范高管的薪酬制定、披露等问题具有重要帮助。再其次，本书的研究对国有企业改革具有重要政策含义。"降低政府干预"依然可以成为我国国有企业改革的方向。中国是一个政府控制程度严重的国家，降低政府的控制程度对改善我国的信息环境、提高资本市场的资源配置效率和健康稳定发展有重要意义。最后，本书对提高债权人保护和改善中国的债权治理作用具有重要的现实启示。长期以来，中国的债权人保护没有得到应有重视，这导致我国的债权人保护水平较低，债权人保护的立法还不够完善，执法存在"有法不依"现象。本书的研究结论对改善我国债权治理的执行环境和推进我国债券市场发展具有重要帮助。

目　　录

图 目 录

表 目 录

第 1 章

导 论

本章首先介绍了本书的选题背景,并根据选题背景提出了本书的具体研究问题;之后系统地简述本书各章的内容和本书的结构;最后阐述了本书的研究意义和主要贡献。

1.1 选题背景与问题提出

1.1.1 选题背景

经济的一个基本职能在于有效地分配资源,也就是使资本流向于回报率高的领域,而资本市场是一个重要的资源配置中心(Wurgler, 2000)。金融发展能促进经济增长得到众多学者的研究证实(Rajan and Zingales, 1998; Allen et al., 2005)。中国资本市场从开始出现的第一天起,就站在中国经济改革和发展的前沿,推动了中国经济体制和社会资源配置方式的变革(中国资本市场发展报告, 2008)。正是由于资本市场如此重要,各方积极推动资本市场的发展,在短短 20 多年的时间内,中国的资本市场取得了举世瞩目的成就,已经建立了一个市值排名世界第三的股票市场,一个余额居世界第五的债券市场,还有一个交易量名列前茅的期货市场(郭树清, 2011[①])。股价的信息含量是资本市场资源配置的重要基础,长期以来是财务学科和其他学科的研究对象(李增泉等, 2011)。迪方德等(DeFond et al., 2011)指出股票收益率存在三个维度,分别是股票的平均收益率、股票收益率的波动性和股票收益率的负向偏态性。关于股票收

---

① 引自郭树清为《中国资本市场法制发展报告(2011 年卷)》正式出版所作的序言。

益率和股票收益率波动性，目前已经有大量的文献进行研究，涌现了大量的研究成果。但是，对股票收益率的负向偏态性的研究依然相对较少。

股价崩盘风险（Crash Risk）刻画的正是股价收益率的负向偏态性。森德（Sunder，2010）指出风险包括两类：一类是指不确定性，即一种收益和损失的分布，这种风险可以通过多元化分散风险；另一类指损失，即遭受损失的可能性，这种风险无法通过多元化手段分散。股价波动率反映的是不确定性，而股价波动的负向偏态（股价崩盘风险）反映的是损失风险。股价崩盘风险是一种不健康的资本市场发展状态，势必影响整个国家的宏观金融稳定和投资者的个人财富，严重时将导致经济危机，因此，加强股价崩盘风险的研究具有重大的理论价值和现实意义。随着 2008 年全球金融危机的蔓延，学者、政策制定者和广大公众开始探究金融危机的根源和经济后果，研究公司股价崩盘风险可以帮助企业和政策制定者理解股价崩盘风险的形成机制，帮助政策主管部门制定政策影响微观企业行为，并且对整个经济的宏观调控提供了启示和借鉴价值。

早期的学者主要从理性预期均衡和行为金融学的框架研究股价崩盘风险（潘越等，2011）。近年来，学者们开始从公司内部的代理问题视角研究股价崩盘风险。代理问题视角下的股价崩盘风险的形成机理是：管理者基于获取私利（薪酬最大化、职业生涯的考虑、帝国构建等）或大股东基于侵占小股东利益的动机，倾向于隐藏公司的坏消息，如果公司能成功地隐藏坏消息，就会导致坏消息的逐步堆积，但是坏消息累计程度存在一个临界点，一旦坏消息的累计程度达到这个临界点，隐藏成本很高时，坏消息无法再隐藏，就会突然全部释放到市场，导致股价的急剧下滑，引起股价崩盘（Jin and Myers，2006；Hutton et al.，2009）。目前学者采用代理理论视角已从财务报告透明度（Hutton et al.，2009，潘越等，2011）、会计稳健性（Kim and Zhang，2010）、税收规避（Kim et al.，2011a）、股权激励（Kim et al.，2011b）、政治事件（Piotroski et al.，2011）、集团内部的关系型交易（李增泉等，2011）、分析师行为（许年行等，2012）和女性高管（李小荣和刘行，2012）等角度研究了股价崩盘风险。但是这些研究只是挖掘了影响股价崩盘风险因素的"冰山一角"。从代理问题视角研究股价崩盘风险还有广阔空间。

因此，利用中国资本市场研究股价崩盘风险具有更为重要的意义。

第一，中国上市公司的信息环境差（Piotroki and Wong，2011），具体表现在透明度低、对损失的确认不及时和股价崩盘风险高。莫尔克等

（Morck et al.，2000）基于全球 40 个国家的研究表明中国的股价同步性排名第二。而吉恩和梅耶斯（Jin and Myers，2006）的研究则显示中国的股价同步性排名第一。普华永道 2001 年的一份调查报告显示中国经济的不透明指数在调查的 35 个国家中排名第一。中国的会计透明度指数排倒数第四，仅好于哥伦比亚、沙特阿拉伯和尼日利亚（Piotroki and Wong，2011）。世界经济论坛《全球竞争力报告（2011）》特别评价了 142 个国家（地区）的会计和审计披露强度，其中，中国排在第 61 位，印度排名第 51 位，巴西第 49 位，俄罗斯第 120 位，马来西亚、中国台湾和中国香港分别排在第 25 位、3 位和 12 位。鲍尔等（Ball et al.，2001）布什曼和皮奥特洛斯基（Bushman and Piotroski，2006）的研究均表明中国对坏消息确认的及时程度落后于其他国家（地区），采用 IFRS（国际会计准则）之后依然如此。皮奥特洛斯基等（Piotroski et al.，2011）利用中国的数据研究显示，中国的股价崩盘风险高于全球平均水平。

第二，中国信息环境和制度密切相关（Piotroki and Wong，2011）。皮奥特洛斯基和黄（Piotroki and Wong，2011）认为国有产权、资本市场的政府控制、产权保护差、缺乏独立审计、社会网络和政治关联是中国的重要制度安排，这些特有的制度影响中国上市公司的财务报告动机和信息的供给。

1.1.2　问题提出

基于以上分析，本书采用代理理论框架研究股价崩盘风险，并结合中国的独特制度特征深入分析和检验中国上市公司的代理问题与股价崩盘风险的关系。企业的三个重要利益相关者为股东、管理者和债权人，三者有不同的利益诉求，因而产生了相互间的代理问题，进而影响了企业的信息生成和披露，最终影响了股价崩盘风险。本书主要回答以下三个问题：

首先，本书研究股东和管理者的代理问题与股价崩盘风险的关系。管理层的代理问题主要表现在违背股东的意愿追求私人效用最大化，其中追求薪酬的最大化就是其中一种典型的管理层代理问题。管理者为了实现薪酬最大化，会操纵会计业绩或隐藏公司坏消息。另外，薪酬契约本身是个代理问题（Bebchuk et al.，2002；Bebchuk and Fried，2003，2004），由此发展起来的"高管权力论"对我国的国有企业薪酬契约有很好的解释力（卢锐，2007，2008；吕长江和赵宇恒，2008；吴育辉和吴世农，2010；

权小锋等，2010；王清刚和胡亚君，2011；方军雄，2011）。除了显性的货币薪酬，管理层也追求在职消费的最大化。随着金融危机的爆发，高管的"天价"薪酬引起政府部门和社会公众的广泛关注。"最贵老板"平安董事长兼首席执行官马明哲6616万元年薪；国泰君安2008年薪酬费用32亿元，人均100万元；北京师范大学发布的《中国上市公司高管薪酬指数报告（2011）》称，2010年中石油高管人均收入110.22万元，并指出垄断性企业高管薪酬存在激励过度问题，而ST公司高管激励过度比重过半。[①] 除显性薪酬引起普遍质疑外，国企"天价酒"、"天价灯"、"天价名片"和"天价车"等奢侈隐性薪酬也引起公众一片哗然。因此，我们研究超额货币薪酬和超额在职消费对股价崩盘风险的影响。

其次，本书研究大股东与小股东的代理问题与股价崩盘风险的关系。早期的学术文献认为所有权结构是分散的，因此起初的大量研究关注股东与管理层的代理问题。但是，20世纪80年代以后，一些学者发现即使像美国这样股权高度分散的国家，股权结构存在适度集中的趋势。特别是拉波特等（La Porta et al.，1999）发现其研究的27个发达国家中，除少数普通法国家的大公司外，其余国家的公司都存在大股东，之后大股东与小股东的代理问题成为学者们关注的重点。而在新兴市场国家，金字塔结构非常普遍（La Porta et al.，1999；Claessens et al.，2000；Khanna and Yafeh，2007；Fan et al.，2012），其形成的股权结构也被认为是反映了大股东与小股东的代理问题。因此，本书以金字塔结构视角研究股价崩盘风险。甚为重要的是，在中国，国有企业与民营企业的金字塔结构形成机理不一样（Fan et al.，2012），国有企业的金字塔结构被认为是"政府放权让利"的产物，因此区分最终控制人性质研究金字塔结构与股价崩盘风险的关系成为本书的又一重要研究问题。

最后，本书从债权治理视角研究了股东—债权人代理问题与股价崩盘风险的关系。债务融资被认为是良好的公司治理机制（Grossman and Hart，1982；Jensen，1986；Harris and Raviv，1990）和财务报告透明的保证（Armstrong et al. 2010），也有利于会计政策稳健性的提高（Beatty et al. 2008；Zhang，2008），那么，债权治理能否降低股价崩盘风险？债权治理的公司治理作用得到西方学者的普遍推崇和认可（田利辉，2004；冯旭南，2012），但是在中国，由于债权人缺乏保护、司法体系缺乏效率、债

---

① 参见刘海玲：《垄断性企业高管薪酬存在激励过度问题》，载《中国会计报》2010年7月2日。

务执行成本很高（冯旭南，2012），债权治理功效是否发挥？目前的结论并不一致。因此，有必要研究债权治理能否降低股价崩盘风险以及债权治理降低股价崩盘风险的制度条件。

1.2　研究内容和本书结构

图 1－1 为本书结构图，本书包括 7 章，具体内容阐述如下：

第 1 章为导论。首先介绍了本书的研究背景，根据研究背景提出了本书的研究问题，然后对本书的研究内容和结构进行简要阐述，最后指出本书的研究意义和主要贡献。

第 2 章是理论基础与文献回顾。在理论基础部分，介绍了股东与管理者代理理论、大股东与小股东代理理论和债权治理理论。文献回顾部分从高管薪酬、金字塔结构、债权治理和股价崩盘风险四个方面进行梳理和评述。高管薪酬这部分文献分为高管货币薪酬中的代理问题和在职消费两方面进行梳理；金字塔结构部分回顾了金字塔结构的正面经济后果和负面经济后果；债权治理部分细分为债权治理与代理成本、债权治理与投资、债权治理与公司价值和债权治理与会计信息四个角度；而股价崩盘风险的研究则主要回顾代理理论框架下的新近研究。

第 3 章是本书的制度背景。具体的，这章首先阐述和分析了中国上市公司的信息环境及成因。随后介绍了国有企业改革的历程和国有企业薪酬设计情况；并概括了金字塔集团的形成过程和分析了国有民营金字塔结构形成的差异。最后简述了中国的债权人保护现状。

第 4 章研究了超额货币薪酬、超额在职消费与股价崩盘风险的关系。本章首先分产权性质的不同研究了超额货币薪酬和超额在职消费分别对股价崩盘风险的影响，之后考察了非效率投资、外部治理和 CEO 持股对超额货币薪酬、超额在职消费与股价崩盘风险关系的影响，在拓展性检验中还考察了超额货币薪酬和超额在职消费对股价崩盘风险的影响孰强孰弱。

第 5 章实证检验了金字塔结构与股价崩盘风险的关系。本章根据产权性质的不同，系统研究了国有企业金字塔结构和民营金字塔结构对股价崩盘风险的影响。并考察了透明度、关联交易和海外上市对金字塔结构与股价崩盘风险关系的影响。在拓展性检验中还进一步检验了金字塔结构与股价同步性的关系以及民营企业的金字塔层级与股价同步性和股价崩盘风险的非线性关系。

第 6 章则重点研究了债权治理对股价崩盘风险的影响。本章利用债务人违约而被起诉的数据实证检验了企业的债务诉讼对股价崩盘风险的影响，深入分析了债务诉讼影响股价崩盘风险的机理，并从法制环境和债权债务人相对谈判力的外内部影响因素两个方面检验了其对债务诉讼与股价崩盘的风险关系的影响。

第 7 章为本书的结语。首先对本书的研究内容进行了总结，之后根据研究结论提出了本书的启示，并对本书存在的局限性进行了分析，最后指出了本书的研究展望。

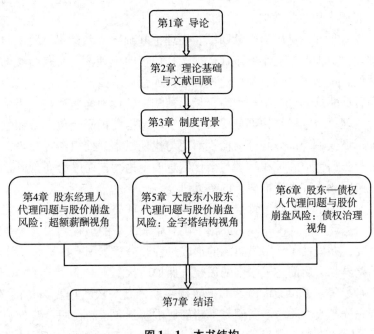

图 1-1　本书结构

1.3　研究贡献和研究意义

本书的主要研究贡献体现在以下几个方面：

第一，丰富了股价崩盘风险领域的研究。现有文献已从财务报告透明度（Hutton et al.，2009，潘越等，2011）、会计稳健性（Kim and Zhang，

2010)、税收规避（Kim et al.，2011 a）、股权激励（Kim et al.，2011 b）、政治事件（Piotroski et al.，2011）、国际会计准则趋同（Defond et al.，2011）、集团内部关系型交易（李增泉等，2011）、分析师乐观冲突（许年行等，2012）和女性高管（李小荣和刘行，2012）等角度研究了股价崩盘风险。本书从超额货币薪酬、超额在职消费、金字塔结构和债权治理角度研究股价崩盘风险，拓展了股价崩盘风险影响因素的研究。

第二，拓展了显性薪酬（货币薪酬）和隐性薪酬（在职消费）经济后果的研究。以前的文献主要研究货币薪酬对公司业绩的影响（如 Firth，et al.，2006；Gul et al.，2010；Conyon and He，2011）或在职消费对公司业绩的影响（如 Adithipyangkul，et al.，2009；Chen，et al.，2010；Luo，et al.，2011；Yermack，2006）。本书研究了超额薪酬和超额在职消费对股价崩盘风险的影响，进一步深化了显性薪酬（货币薪酬）和隐性薪酬（在职消费）经济后果的研究。特别的，之前的研究基本上发现薪酬的正面激励效果，本书发现薪酬的负面经济后果，为薪酬契约本身也是一种代理问题（Bebchuk et al.，2002；Bebchuk and Fried，2003，2004）提供了进一步的经验证据。

第三，研究了金字塔结构与股价崩盘风险的关系，丰富了金字塔经济后果的研究，特别是本书发现国有企业金字塔层级与股价崩盘风险显著负相关，表明国有企业金字塔结构在股价崩盘风险上的正面经济后果，为范等（2012）提出的国有企业金字塔结构的"放权让利"理论提供了进一步的经验证据。

第四，目前关于新兴市场国家的债权治理作用研究得出的结论并不一致，我们借助债务诉讼的外生事件验证了债务契约在股价崩盘风险上的治理作用，提供了债权治理理论在中国适用性的经验证据。同时本书在检验债权治理上使用的外生事件克服了以往检验债权治理存在的内生性，得出的结论更为直接和可靠。

本书的研究除了上述的理论贡献外，还具有重要的实践意义。主要表现在以下几点：

其一，从代理问题视角研究股价崩盘风险，有助于政策部门和投资者理解代理问题影响股价崩盘风险的机理，深化对代理问题影响股价崩盘风险的认识，以前政策部门和投资者可能认为只有宏观环境、产业政策、经济周期、国家的政策和国际环境等会影响资本市场的稳定，本书的研究能提高监管部门对企业内部代理问题在增大股价崩盘风险上的关注和重视程度。

其二，笔者发现，过高的高管货币薪酬和在职消费与股价崩盘风险显著正相关，因此，政府和企业应进一步加强对高管薪酬合理性的设计和监督，避免过度激励而给公司带来的负面影响。此外，应进一步加强对高管薪酬特别是在职消费信息的披露，使外部投资者能了解各项薪酬和在职消费的性质、数量和构成，从而提高薪酬方面的信息透明度，以降低信息不透明所带来的股价崩盘风险。

其三，国企改革伴随着中国的改革开放进程，"放权让利"产生的国有企业金字塔结构对降低股价崩盘风险有显著作用，因此，中国应继续推进国企改革，减少政府干预。中国企业中的国有企业，政府干预导致国有企业较低的信息供给动机，政府干预的存在也滋生了企业的寻租行为和内部代理成本的增加。因此我们发现随着金字塔结构层级的增加，政府降低对企业的干预，改善了企业的信息环境，降低了股价崩盘风险，对进一步推进国企改革进程和制定国企改革的措施具有重要的启示。此外，金字塔结构中大股东对小股东的侵害（比如本书研究的关联交易）会增大股价崩盘风险，故在考察国有企业金字塔结构带来的政府干预降低的同时，金字塔结构中关联交易等大股东侵害小股东利益的行为，监管部门应重点关注。

其四，长期以来，中国的债权人保护没有得到应有重视，这导致我国的债权人保护水平较低，债权人保护的立法还不够完善，执法存在"有法不依"现象。本书检验了中国这个正处于转轨期的新兴市场国家的债权治理是否能降低股价崩盘风险以及什么条件下债权治理发挥了作用，这对我国完善债权人保护的立法和执法具有政策含义。

其五，本书还检验了外部治理、市场化进程和法制环境等外部治理机制的作用。因此，政策部门、公司或投资者在考虑公司内部人代理问题增加股价崩盘风险的同时，也需要加强外部治理机制的建设，推进市场化进程和完善法制环境。

第 2 章

理论基础与文献回顾

本章包括两个部分，一是理论基础，二是文献回顾。在理论基础部分，从股东与管理者代理理论、大股东与小股东代理理论和债权治理理论三个方面阐述与本书密切相关的理论基础。在文献回顾部分，则主要回顾与本书研究主题相关的经验研究，包括高管薪酬、金字塔结构、债权治理和股价崩盘风险四个部分。

2.1 理 论 基 础

2.1.1 股东与管理者代理理论

阐述该理论最重要的两篇文献是伯利和米恩斯（Berle and Means, 1932）、詹森和迈克林（Jensen and Meckling, 1976）。伯利和米恩斯（1932）是股东管理者代理理论的奠基之作，该文认为现代企业的股权是高度分散的，控制权和所有权分离现象普遍存在，公司的所有权掌握在分散的股东手中，而控制权却掌握在管理者手中，这样容易导致股东与管理者利益的不一致，产生管理者谋取私利的行为。而詹森和迈克林（1976）这篇文章被广泛认为是股东管理者代理理论的集大成者，该文系统地阐述了委托代理理论。詹森和迈克林（1976）将代理关系定义为委托人授权代理人为自己服务的一种契约，若这种关系契约的双方为效用最大化者，毫无疑问代理人并不总是为委托人利益考虑。由于委托人和代理人利益不一致所产生的损失就是代理成本。詹森和迈克林（1976）将代理成本划分为三类：监督成本、保证成本和剩余损失，监督成本是指限制代理人不当行为花费的支出，保证成本指的是代理人为了确保不从事有损委托人利益而自我约束产生的支出，剩余损失是指代理人的实际决策和最大化委托人利益的决策的差异。

具体到企业中的委托代理关系，詹森和迈克林（1976）提出，当管理者拥有公司100%股份时，即管理者为企业的所有者，不会出现代理成本，而当管理者将原来的100%股份售出一部分给外部人时，代理问题就开始出现，因为管理者通过非货币性收益获取效用最大化的成本，管理者只承担一部分。因此，在两权分离的情形下，管理者就会有懈怠、在职消费、帝国建造等偏离股东财富最大化的行为。自从詹森和迈克林（1976）系统地总结和提出股东管理层代理理论后，这一理论对现代企业的一些公司治理问题具有较好的解释力。

2.1.2 大股东与小股东代理理论

股东管理层的代理问题是在股权分散的背景下提出的，在20世纪90年代前被认为是公司存在的最主要代理问题，但是一些学者的研究发现即使美国的大公司也存在适度的股权集中，而除英美少数几个发达国家外，很多国家的股权都是集中的，即使在一些发达国家股权也比较集中。拉波特等（1999）研究了27个富裕国家的大公司的所有权结构，他们根据公司的控制链条找到公司的最终控股股东，结果发现大部分国家的企业的控制权都掌握在最终控股股东手中，并且控股股东的控制权一般超过公司的现金流量权，公司的经理人也非职业经理人，而是由控股股东指派的家族成员或代表控股股东利益的人员。克莱森斯等（Claessens et al.，2000）调查了9个东亚国家2980家控制权和现金流权的分离情况，发现其所研究的国家中，企业通过金字塔结构或交叉持股的方式控股使得控制权超过现金流权，超过2/3的公司是由单个股东控制的，企业的经理基本上为控股股东的亲戚。法乔和朗（Faccio and Lang，2002）则分析了13个西欧国家共5232家公司的终极控制权和所有权情况，发现家族控股比例达到44.29%，除了英国和爱尔兰以外，其他西欧国家的股权相当集中。股权的集中导致了另一类代理问题的产生，即大股东与小股东的代理问题。自上述学者揭示企业的所有权结构股权集中、最终控制权和现金流权分离的特征以来，大股东与小股东的代理问题成为学术界关注的焦点。

大股东与小股东的代理问题指的是大股东对小股东的掠夺（Shleifer

and Vishny，1997）。控制权和现金流权的分离，控制权一般大于现金流权，因此控股股东以较小的成本获得了对公司的控制，从而对公司的各项决策产生重要影响，这样控股股东就会以各种合法或非法的手段侵占公司资源，因为这种侵占行为的成本由所有股东承担，控股股东只承担现金流权所占的比例部分的成本，但收益却能独享。约翰逊等（Johnson et al.，2000）形象地将大股东对小股东利益的侵害描述为"掏空"（Tunneling）。"掏空"的手段主要有：支付给管理者过高的薪酬、关联担保、关联交易、股权稀释和股利政策等。拉波特等（1999）甚至认为世界大多数国家企业存在的主要代理问题是大股东与小股东的代理问题，而非股东与管理者间的代理问题。特别需要指出的是，大股东与小股东的代理问题在韩国和中国等新兴市场国家普遍存在，国内学者运用该理论开展了广泛的研究，也取得了不俗的研究成果。

2.1.3 债权治理理论

债务是公司资金来源的一个重要渠道，也是重要的公司治理机制。债务融资的公司治理角色得到学术界的普遍认可和推崇，在此，我们简称"债权治理理论"。简而言之，债权治理指的是债权人为了保障自身的合法权益（还本付息），一方面在债务契约中签订约束条款；另一方面在债务人的日常经营中发挥着激励和监督作用，从而有利于降低代理成本和提升公司价值。关于债权治理理论，一些著名学者是这样论述的：詹森和迈克林（1976）认为在公司的融资结构存在股权和负债，当负债融资比例上升时，股权融资比例下降，管理者相对持股比例上升，股东管理者的利益一致程度增加，于是降低了代理成本。格罗斯曼和哈特（Grossman and Hart，1982）提出经理获取私人收益的前提是企业没有破产，而企业债务的上升增加了破产风险，因此经理会在高私人收益和高破产风险间权衡，负债融资增加迫使经理降低自利行为，从而降低了代理成本。詹森（1986）认为企业债务需要到期偿本付息，这种压力促使经理降低对自由现金流的滥用，减少自利行为，从而降低了代理成本。哈里斯和拉维夫（Harris and Raviv，1990）则提出债权人具有要求企业清算的选择权，同时违约的谈判过程传递给投资者的信息能使债务人改善经营和调整资本结构，因此，债务是一种约束机制。阿吉翁和博尔顿（Aghion and Bolton，1992）则从不完全契约的角度分析了管理者和外部资金提供者的契约问题，他们认为

"状态依存"的方式分配控制权是最佳的契约，即当公司经营良好时，管理者拥有公司的完全控制权并享有私人收益；当公司经营业绩差或偿债能力不足时，公司的控制权就转移到债权人手中，这说明债权治理是一种良好的治理手段。

债权治理理论在西方得到广泛认同和推崇，但是该理论在新兴市场国家运用时得到不同的结论，基于中国的研究结论也不一致。一些学者认为主要原因在于中国债权治理的外在制度条件还欠缺，特别是"预算软约束"的存在阻碍了债权治理作用的发挥，但是随着中国市场化进程的推进、银行业的改革和中国企业预算约束的趋硬，债权治理理论在中国也具有适用性。

2.2 文 献 回 顾

2.2.1 高管薪酬

这里的高管薪酬包括显性薪酬（货币薪酬）和隐性薪酬（在职消费）。在这个部分我们主要回顾高管货币薪酬中的代理问题和在职消费的相关文献。

1. 高管货币薪酬中的代理问题

最优契约论认为，将高管薪酬与公司业绩或股东财富联系起来可以激励管理者努力工作，降低代理问题，以实现公司价值的最大化（Jensen and Meckling，1976）。然而随着安然、世通等大公司丑闻的曝光和最近金融危机的恶劣影响，学者们开始质疑最优契约论对薪酬契约的解释力。贝布克和弗里德（Bebchuk and Fried，2004）认为薪酬契约失效不仅限于少数几个"烂苹果"，而是普遍的、持续的和系统的。最优契约论要求董事会完全按照股东利益行事，并按股东意愿设计成本高但有效的薪酬契约来激励经理。但实际上，董事会与管理层存在千丝万缕的联系，两者之间的关系远超出最优契约论的预期，由于管理层权力的存在，董事会往往被管理层俘获或受其影响，导致最优契约非但没有解决代理问题，反而使薪酬契约本身成为一种代理问题（Bebchuk et al.，2002；Bebchuk and Fried，

2003，2004；权小锋等，2010）。

基于最优契约论的上述不足，学术界提出另一种解释薪酬激励的理论——"管理层权力论"。该理论认为，董事会不能对管理层薪酬契约设计施加全部影响，而管理者可以使用权力寻租，影响甚至操纵自己的薪酬，并最终损害公司价值（Bebchuk et al.，2002；Bebchuk and Fried，2003，2004；权小锋等，2010）。

事实上，国内学者已开始从"管理层权力论"角度来分析和解释高管薪酬中的代理问题。卢锐（2007）认为国有控股导致的所有者缺位和企业严重的内部人控制问题使得上市公司高管影响自身薪酬成为可能，其实证结果发现管理层权力大的公司，高管团队内部存在薪酬差距，核心员工和全体员工的薪酬差距则更大，但是公司业绩并没有变好。卢锐等（2008）使用两职是否合一、股权分散和高管长期任职构造了高管权力的指标，其研究表明高管权力越大，在职消费越严重，在职消费的增加有损企业业绩。吕长江和赵宇恒（2008）发现权力大的管理者可以自己设计激励组合。权小锋等（2010）以 2004～2007 年中国国有企业上市公司为研究样本，通过实证检验发现国有企业的高管权力越大，其获取的货币性私有收益和非货币性收益越高，并且会利用盈余操纵来获取货币性绩效薪酬，通过权力操纵业绩获取薪酬的行为产生了负面的价值效应。吴育辉和吴世农（2010）的研究表明高管控制权和高管薪酬显著正相关，高管薪酬的增加不但不能降低代理成本，反而提高了代理成本，由此说明在我国高管薪酬制定存在自利行为。方军雄（2011）从高管权力理论角度解释了中国上市公司薪酬的"尺蠖效应"。[①] 王清刚和胡亚君（2011）发现管理层权力越大，高管获得异常薪酬的可能性越大。[②]

2. 在职消费

国外关于在职消费的研究存在两种主要观点：一种观点认为在职消费是代理成本的一部分。詹森和迈克林（1976）指出，当管理层不持有公司的所有股份时，由于管理层追求非货币福利的成本是由管理层和其他股东共同承担，管理层会追求更多的在职消费，实现自身效用的最大化，经理

---

　　① 具体的，该文发现公司绩效提升时，高管的薪酬增幅高于普通员工，而公司绩效下降时，高管薪酬增幅没有低于普通员工；公司绩效提升时，高管的薪酬业绩敏感性高于普通员工，公司绩效下降时，高管薪酬存在黏性特征，但是普通员工的薪酬不存在黏性特征，由此作者认为上市公司的这种权力主导的尺蠖效应是高管与普通员工薪酬差距扩大的重要原因之一。
　　② 这里的异常薪酬指公司收益低于行业平均水平，但高管薪酬高于行业平均水平。

持股比例越少，承担由于在职消费导致企业价值下降的成本越少，越有动机追求在职消费等非货币性福利。格罗斯曼和哈特（1980）认为高管的在职消费是对公司资源的滥用，是公司治理薄弱的一种表现。哈特（2001）指出，在职消费对经理很有吸引力但对股东毫无价值，在职消费降低了公司价值。经验证据方面，雅尔玛（Yermack，2006）发现公司第一次披露经理被奖励私人飞机时，公司年股票回报率下降4%。格林斯坦（Grinstein et al.，2008）也发现，成长性低、自由现金流多的上市公司的在职消费金额更大，而且披露更多在职消费的公司市场反应显著为负，证明了在职消费有损股东价值的理论观点。

另一种观点则认为，在职消费是最佳薪酬契约的一部分，是一种隐性激励。法马（Fama，1980）认为在职消费是最佳契约的一部分而非代理问题，在雇佣合同中若在职消费能恰当使用，可以激励员工更加努力工作，从而提高企业价值。拉詹和沃尔夫（Rajan and Wulf，2008）发现，经理去海外谈判数十亿的合同，坐头等舱比坐经济舱效果要好，高管拥有专门的餐厅可以节约去用餐路上花的时间，专门的餐厅或咖啡机可以促使高管们更多的交流，因此，他们认为将在职消费作为代理问题并不恰当，在一定情况下，在职消费可以提高生产力。马里诺和基尼克（Marino and Zabojnik，2008）认为，当公司的治理水平较高时，与工作有关的在职消费可以激励员工更加努力工作。

那么，在职消费在中国是一种代理问题，还是一种隐性激励？众说纷纭。一方面，罗宏和黄文华（2008）、卢锐等（2008）都发现，在职消费与公司业绩负相关，不能起到激励作用。另一方面，陈冬华等（2005）、姜付秀和黄继承（2011）认为并发现在职消费是一种重要的激励方式。阿迪斯亚克等（Adithipyangkul et al.，2011）则提出中国的在职消费扮演两个角色，一是在职消费是薪酬的补充，可以降低经理偷懒；二是一些在职消费，比如饭局、娱乐和旅游等，可以与合作伙伴建立良好的关系，从而便以开展工作和提高生产力。

2.2.2　金字塔结构

金字塔结构是最终控制人控制企业集团各公司的典型组织结构，即企业集团的所有权结构是由最终控制人通过间接持股低层级的公司而形成的自上而下的"金字塔"形状的控制结构。金字塔结构的所有权结构在全球，特别是新兴市场国家非常普遍（La Porta et al.，1999；Claessens et al.，2000；Khanna and Yafeh，2007；Fan et al.，2012，张瑞君和李小荣，2012）。阿蒂格等（Attig et al.，2003）指出西欧国家的所有权结构20%是金字塔结构（美国是9%），在东亚，金字塔结构的比例更突出，如印度尼西亚的金字塔结构占比67%，新加坡占比55%，日本占比37%，加拿大占比35%。在中国，金字塔结构的持股结构也相当普遍，如刘芍佳等（2003）发现75.6%的中国企业由国家通过金字塔方式间接控制的，而在毛世平和吴敬学（2008）的研究样本中95.19%的上市公司是金字塔机构控股的。正是由于金字塔结构的普遍存在性，研究金字塔结构是如何形成的以及金字塔结构的经济后果才具有重要意义。下面我们主要回顾金字塔机构的经济后果的相关文献①。

1. 金字塔结构的正面经济后果

金字塔结构最突出的正面经济后果在于形成了内部资本市场，缓解了融资约束。阿尔梅达和沃尔芬森（Almeida and Wolfenzon，2006）的理论模型表明金字塔结构由于形成了内部资本市场，因而具有融资优势。韩亮亮等（2008）利用2005年中国270家民营上市公司的样本的研究表明金字塔结构越复杂，公司的全部非银行借款率和短期非银行借款率越多，说明民营企业金字塔"内部资本市场融资替代效应"的存在。李增泉等（2008）发现企业的金字塔层级越多，资产负债率越高；母公司所在地区的融资约束越严重，金字塔结构层级越多。这表明金字塔结构广泛存在的原因在于可以缓解融资约束。马苏利斯等（Masulis et al.，2009）则采用45个国家28039家家族企业的大样本数据的研究表明随着金字塔层级的增加，内部融资、投资强度和公司业绩得到提高，证明了金字塔结构的融资优势。康纳和亚费（Khanna and Yafeh，2005）的研究也发现由于集团的内部资本市场可以实现相互的资金支持，从而降低了财务困境风险，实现了整个集团的风险共享（Risk‐sharing）。郑志刚（2005）认为大股东对小股东的盘剥虽然对新兴市场国家的金字塔结构形成具有解释力，但对分散投资者知道大股东的盘剥行为却依然投资金字塔结构的公司解释不充分，他认为金字塔中子公司高的资产回报率产生的"增长效应"激励了投资者投资。马忠和陈彦（2008）也提出金字塔结构的最终控制人既存在盘

---

① 由于金字塔结构的影响因素的文献与本书研究内容相关性较少，我们将其省略。

踞效应也存在利益协同效应。

关于金字塔结构内部资本市场上的正面经济后果基本上基于民营企业的，而在中国大部分为国有企业。范等（2012）就中国的国有企业的金字塔结构的形成原因和经济后果展开了研究，发现国有企业金字塔结构具有正面作用。具体而言，范等（2012）认为虽然金字塔层级的增加加重了管理层的代理成本，但是也降低了政府的干预。实际上，国有企业的改革推进了国有企业金字塔层级的增加，随着金字塔控制链条的增加，政府干预逐步降低，管理者自主决策权增加，因此，国有企业的金字塔体现了"放权让利"。其实证结果发现，金字塔层级和经理的专业化、雇员效率、全要素生产率和盈利能力显著正相关。自范等（2012）揭示国有企业金字塔结构的正面经济后果以来，产生了一些跟进的研究成果。张（Zhang，2004）发现国有企业的金字塔层级降低了政府的干预，提高了公司透明度。程仲鸣等（2008）的研究表明地方国有企业的金字塔层级增加可以减少过度投资，支持了国有企业金字塔的"降低政府干预"的观点。刘运国和吴小云（2009）认为政府控股的上市公司的金字塔层级越多，政府对上市公司的干预成本增加，"掏空"的难度增加，"掏空"程度更低。刘等（Liu et al.，2010）发现民营企业的金字塔结构的两权分离程度严重，两权分离越严重，掏空现象越严重，借款利率更高，投资效率更低，但是在国有企业却没有发现这一现象。顾等（Gu et al.，2010）则使用国有企业的金字塔层级代表政府对企业的控制程度，金字塔层级越大（越低端），政府干预越少，金字塔层级的增加提高了高管薪酬和高管薪酬和业绩的敏感性。张瑞君和李小荣（2012）研究表明总体而言处在金字塔越低端，业绩波动性越高，但是企业的国有属性能减弱金字塔层级与业绩波动的正相关关系。刘行和李小荣（2012）则研究了金字塔层级与企业税收负担的关系，研究发现地方国有企业的金字塔结构降低了企业税负，这一税负的降低显著提升了公司市场价值。

2. 金字塔结构的负面经济后果

金字塔结构的负面经济后果的起因在于这种控制权结构导致了控制权和现金流权的严重分离，最终控股股东不需要同等的现金流权就能获得公司的控制权，少量的现金流权导致了最终控制人的代理问题，包括非价值最大化的投资和转移资源。金字塔控制权结构的两权分离导致的代理问题主要是大股东与小股东的代理问题。金字塔结构的负面经济后果主要表现在"掏空"（Tunneling）。约翰逊等（Johnson et al.，2000）用"掏空"（Tunneling）一词形象地描述了控股大股东转移公司资产和利润剥夺小股东利益的行为，研究发现不仅在新兴市场国家，而且在发达国家"掏空"现象也非常严重。贝特朗等（Bertrand et al.，2002）检验了印度金字塔结构企业的掏空现象，发现金字塔结构的最终控制人有动机将资源从金字塔低端转移到金字塔顶端。贝尔等（Bae et al.，2002）则发现韩国企业集团的收购的收益为负，但控股股东则从企业集团的其他增值企业中获利了，这一结果与掏空假说一致。贝克兰等（Baek et al.，2006）的研究则表明韩国企业财团在定向增发中也存在掏空行为，发现了大股东对小股东的另外一种掏空方式。中国的学者基于中国企业的金字塔结构的研究也发现金字塔结构容易导致"掏空"。游家兴和罗胜强（2007）以 2002～2003 中国的上市公司为研究样本发现金字塔结构中控股股东控制权的增加加剧了对小股东利益的侵害，并且两权分离度越大，掏空程度越严重。陈晓红等（2007）发现家族企业的金字塔股权结构加剧了两权分离，随着控制链条的加长和两权分离的加大，控股股东侵害小股东利益的情形变得严重。罗党论和唐清泉（2008）则进一步区分了所有制性质，研究了金字塔结构与中小股东利益的保护的关系，发现民营企业的金字塔结构严重侵害了中小股东的利益。刘运国和吴小云（2009）的研究表明政府控制的金字塔结构主要通过生产经营方式"掏空"上市公司，自然人控制的金字塔结构则主要通过非生产经营方式"掏空"上市公司。刘等（2010）利用中国 2001～2008 年的数据发现中国的民营金字塔两权分离与"掏空"正相关。

基于金字塔股权结构存在的大股东与小股东的代理问题，现有文献还从金字塔结构与企业价值、金字塔结构与投融资决策、金字塔结构与信息质量等方面展开了研究。在金字塔结构与企业价值方面，克莱森斯等（Claessens et al.，2002）的研究表明控制权和现金流权分离度越大，公司价值越低。约翰（Joh，2003）利用韩国 1993～1997 年 5829 家公司的数据发现控制权超过现金流权的程度越大，公司盈利能力越低。莱蒙和林斯（Lemmon and Lins，2003）则研究了 1997～1998 年亚洲金融危机期间 8 个亚洲国家的所有权结构与公司价值的关系，发现控制权大于现金流权的公司的股票回报低于其他公司 10%～20%。张华等（2004）发现中国民营企业的金字塔的所有权和控制权的分离程度较东亚的 9 个国家和地区严重，并且两权分离越严重，公司价值越低。谷祺等（2006）也发现我国家族企业的两权分离度在东亚最高，上市公司价值与控制权显著负相关。王鹏和周黎安（2006）利用2001~2004年中国A股市场数据也表明控股股东的控制权产生"侵占效应"，两权分离度越大，公司绩效越低，并且存在递增的边际效应。叶勇等（2007）和曹裕等（2010）的实证结果也支持控制权和所有权分离在公司价值方面的负面效应。

在投融资决策方面，肖作平（2010）的研究发现两权分离与长期债务水平显著负相关，说明债权人不愿意为两权分离度大的公司提供债务融资。林等（Lin et al., 2011）手工收集了1996~2008年22个国家3468家公司的所有权和控制权数据，以此数据为研究样本的实证结果显示两权分离越严重，债务融资成本越高，原因在于两权分离导致的潜在掏空问题和道德风险加大了债权人的监督成本和信用风险。张瑞君和李小荣（2012）则以手工收集的中国企业金字塔层级数据的实证研究表明金字塔越低端的公司的业绩波动性越高、信用风险越高，因此获得的银行贷款规模越小。刘星等（2010）则从资源配置角度研究了金字塔结构的经济后果，研究结果显示两权分离度与资源配置效率显著负相关，表明大股东侵占是资源配置行为扭曲的重要原因。江等（Jiang et al., 2011）使用22个东亚国家2822家公司的数据表明控制权和所有权的分离度与投资—托宾Q敏感系数显著负相关，并且这一现象主要表现在投资不足上，说明控股股东的代理问题影响了资源配置效率。

在信息质量方面，范等（2012）的研究表明控股股东在报告信息时存在自利的动机，因此投资者认为其报告的信息不可靠。马忠和吴翔宇（2007）通过理论模型和实证检验的方法研究了金字塔所有权结构对公司自愿性信息披露的影响，发现公司最终控制人为了获取私利而不愿意对外披露信息，因此两权分离度越大，自愿性信息披露程度越低。李丹蒙（2008）采用深交所公布的信息披露考评指标作为公司透明度的指标，研究发现金字塔结构中控制权和现金流权分离度越大，公司越不透明，并且这种关系在民营上市公司中表现更为明显。戴亦一和潘越（2009）的研究表明金字塔结构两权分离度越高，盈余操纵行为越严重，这一现象在非国有公司中更为突出。徐星美和李晏墅（2010）以东亚8个国家和地区的数据为样本，发现金字塔结构导致的控股股东与中小股东的代理问题使得外部投资者面临严重的信息风险，因此外部投资要求更多的风险补偿，从而导致权益资本成本的上升。

由上文的相关文献回顾可以发现，金字塔结构是中国企业典型的股权结构形式，揭示这种股权结构的经济后果不仅具有重要的理论意义和现实意义，同时金字塔结构也能较好地反映大股东与小股东的代理问题。虽然现有金字塔结构的研究比较丰富，但是并没有文献研究金字塔结构与股价崩盘风险的关系，而股价崩盘风险关系到资本市场的健康发展和投资者的财富，研究金字塔股权结构如何影响股价崩盘风险能拓展金字塔结构经济后果的学术文献，同时对维持资本市场健康发展具有深远意义。

2.2.3　债权治理

基于债权治理理论，许多文献提供了债务治理方面的经验证据，下面从债权治理与代理成本、债权治理与投资、债权治理与公司价值和债权治理与会计信息四个角度对现有文献进行回顾。

1. 债权治理与代理成本

债权治理在中国是否能降低代理成本？早期比较有代表性的研究是田利辉（2004，2005a，2005b）。田利辉（2004）利用 1994～1998 年中国上市公司的数据发现，随着负债比例的上升，管理者的在职消费显著提高，公司现金流显著增加，并且董事会成员的更换与负债比例没有显著关系，说明债权治理在中国不成立，他将中国债权治理的失效归因于"预算软约束"，即由于政府和某些企业存在关联，政府会援助企业，同时企业也会预期政府对其援助，因此企业不存在破产威胁，预算约束变软。田利辉（2005a）进一步将样本按产权性质分为国有样本和民营样本，分别检验债权治理的作用，研究发现国有控股的上市公司中，管理者在职消费和自由现金流与银行贷款规模显著正相关，企业效率和公司价值与银行贷款规模显著负相关，而在民营控股的上市公司中，这些关系不显著，再次说明中国债权治理失效的根本在于"预算软约束"。田利辉（2005b）则扩大了样本期间，在 1994～2003 年期间将我国商业银行改革划分为商业化、市场化和股份化三个阶段，其中 1994～1998 年为商业化阶段，1999～2003 年为市场化阶段，2004 年开始为股份化阶段，其中在商业化阶段银行摆脱了政府下属部门的地位，市场化阶段商业银行参与市场竞争，股份化阶段才开始涉及所有权的问题，该文发现在整个样本期间企业盈利水平随负债水平上升而下降，进一步比较商业化阶段和市场化阶段，银行贷款增加了经理代理成本的现象并没有改善，说明银行市场化没有根本解决坏账问题，而银行的股份化是合适的选择。

李世辉和雷新途（2008）将代理成本分为显性代理成本和隐性代理成本，① 并认为显性代理成本监控成本低，隐性代理成本难以管束，其实证结果发现公司债务对显性代理成本具有显著的抑制作用，但对隐性代理成本的抑制作用较弱，进一步将公司负债划分为短期负债和长期负债，发现短期债务抑制显性代理成本，长期债务抑制隐性代理成本。田侃等（2010）则在深入分析我国转型制度背景的基础上，通过实证研究得到结论：静态角度方面，债权治理对大股东的"隧道效应"具有显著的抑制作用，但是由于预算软约束和债务契约双方的非市场化特征，债务治理对管理层的代理成本并未产生抑制效应；动态角度来看，随着市场化程度的推进和治理环境的改善，债务契约的治理作用得到不断提升。

2. 债权治理与投资

债务对投资的影响，有两个分支，其中之一是股东债权人代理冲突对公司投资行为的影响，另外个分支则是债权治理对公司投资行为的影响。限于本书研究的相关性，在此，主要回顾提供债权治理与企业投资行为的经验证据的文献。童盼和陆正飞（2005）研究表明不管是对于高风险投资项目还是低风险投资项目，负债比例与投资规模负相关，说明负债发挥相机治理作用，并且银行借款比商业信用对企业的约束作用更大。夏凡尼和罗伯特（Chava and Roberts, 2008）发现债务违约之后，由于债权人以收回贷款威胁并干预债务人的经营管理，因此投资规模显著下降，并且这一现象在代理问题和信息不对称程度严重的公司中更严重。尼尼等（Nini et al., 2009）研究表明贷款人设置了许多限制投资的条款，特别是当借款人的信用等级恶化时存在，这种投资规模的下降有利于之后会计业绩和市场业绩的上升，这说明债权治理的正面效应。黄乾富和沈红波（2009）则利用 1997~2004 年中国制造业上市公司的数据发现：（1）债务比例越高，公司过度投资行为越少；（2）商业信用能显著抑制企业的过度投资行为，但银行借款由于受到政府干预，对企业过度投资行为无约束作用；（3）长期债务没能对企业过度投资产生制衡作用，而缩短债务期限能遏制企业过度投资行为。尼尼等（2012）使用美国债务违约的数据表明债务违约后，公司的收购活动和资本支出显著下降，说明债务违约后控制权转移到债权

---

① 该文将可观测可证实的代理成本称为显性代理成本，如代理人的职务消费，将无法证实、只能通过可观测的结果加以间接判断的代理成本称为隐性代理成本，如代理人是否偷懒、是否过度投资和恶意投资。

人手中，债权治理发挥功效。

3. 债权治理与公司价值

与上述研究不同，有些学者则直接检验债权治理对公司价值（绩效）的影响，以判断债权治理的综合效果。这里特别说明的是关于负债和公司价值的关系文献众多，我们只从债权治理的角度简要回顾债权治理与公司价值的相关文献。麦康奈尔和瑟维斯（McConnell and Servaes, 1995）研究发现当公司成长机会少时，公司价值和负债显著正相关，支持了债权的治理效应。汪辉（2003）使用 1998 ～ 2000 年中国沪深 A 股上市公司的数据发现债务融资与公司价值显著正相关；公司债券招股日期的前三天就开始出现超额收益，招股日期后两天也出现显著的超额收益；债务融资向市场传递了业绩好的信号作用。唐松等（2009）发现在金融发展水平高的公司债务融资和公司价值正相关。姜付秀和黄继承（2011）在研究薪酬激励和负债对企业价值处于何种关系时也发现负债对公司价值具有显著的提升作用。与这几篇文章使用资产负债率作为债务融资的替代变量不同，尼尼等（2012）则使用债务违约的外生事件检验了债权治理对公司价值的影响，实证结果表明债务违约后债权人的治理显著提高了公司价值。但是，基于中国的"预算软约束"和缺乏良好的外部约束机制，一些研究发现债务融资并未提高公司绩效，如于东智（2003）发现负债比例与公司绩效显著负相关，田利辉（2004，2005a，2005b）在检验负债比例与企业绩效的关系时也发现负债比例越高，公司价值越低。

4. 债权治理与会计信息

债权人是公司的重要利益相关者，债务契约也是公司契约中重要一种，由于债务契约的签订需要会计信息，并且债权人依托会计信息判断自身利益的保障程度，同时依据会计信息对债务人施加影响，因此债务对财务报告质量具有举足轻重的作用，并成为一个重要研究领域。债权治理在会计信息方面的体现主要表现在债务契约的签订和债务契约对会计政策选择的影响。

检验债权治理是否发挥作用一个方面就是检验债务融资方式的选择、债务融资规模及债务融资的成本和会计信息的相关性。艾哈迈德等（Ahmed et al., 2002）发现财务报告越谨慎，能获得更高的信用评级。弗兰西斯等（Francis et al., 2005b）研究表明会计信息质量越差，支付的利息费用越多。阿什博等（Ashbaugh et al.，2006）发现财务报告透明度、信息质量与债券信用评级正相关。巴拉特等（Bharath et al.，2008）研究显示会计质量低的公司更可能选择私人债务、支付更高的利率、获得短期债务和的被要求更多抵押。张（Zhang，2008）研究了债务成本与会计谨慎性的关系，结果显示财务报告越谨慎，债务成本越低。格拉哈姆（Graham et al.，2008）发现发生过财务重述的公司愿意下一次贷款契约中债权人添加额外的条款，说明债务人发生财务重述后增加了债权人对债务人信息质量的关注。而国内学者主要从银行贷款与会计信息的相关性，检验债权的治理效应。胡奕明和谢诗蕾（2005）银行的监督作用表现在其贷款行为是否与企业经营业绩相关，当银行贷款和企业经营相关，则说明银行关注企业的经营业绩，这种关注反过来使企业感受到来自债权人的压力，要更好地获得融资就必须提高经营业绩和财务报告质量，随后的实证研究发现银行贷款利率与公司的财务状况存在合理的相关关系，说明银行对企业的经营活动具有监督作用。而胡奕明和周伟（2006）在分析银行贷款的数量、期限和保证方式与企业财务状况的相关关系时，却发现其中的相关关系不合理或联系较少，说明银行通过这三种方式传到银行监督压力，效果有限。胡奕明等（2008）比较了银行贷款的贷款利率和贷款续新的监督作用，发现贷款利率具有监督作用，而贷款续新不具有监督作用。孙亮和柳建华（2011）则发现银行配置资源认真考察了企业的历史财务绩效，并且银行业改革和区域市场化进程的推进促进了银行资源配置的市场化。

债权治理在会计信息上的体现还表现在债务契约对会计稳健性的影响。孙铮等（2005）利用我国 A 股上市公司 1999 ~ 2002 年的数据进行实证研究，发现债务比重越高，会计稳健性越强，进一步的研究显示企业盈利能力出现问题时，债权人更会要求债务人选择更稳健的会计政策，债务对会计稳健性的影响在非国有公司中更显著。鲍尔等（2008）认为会计稳健性主要是由债务市场决定而非权益市场，因为债务契约的签订使用财务报告数字，而权益市场通过体现公司全部信息的股价来控制公司。陈等（Chen et al.，2010）利用中国的数据研究了银行（债权人）和企业（债务人）的国有属性对会计稳健性的影响，结果发现由于债权人更不关注国有企业的风险，因此国有企业比非国有企业的会计稳健性更差；从国有银行获取的贷款越多，会计稳健性更差；从商业银行获取贷款的企业的会计稳健性比从政策性银行获取贷款的企业会计政策选择更稳健；从外资银行或外国独资银行获取贷款的公司会计稳健性更高。祝继高（2011）采用银行和上市公司贷款法律诉讼数据检验了公司被债务起诉后会计稳健性的变化和不同的银行债务诉讼与会计稳健性的关系，研究表明被银行起诉的公司会计稳健性更高，并且非四大国有银行在债务诉讼后对会计稳健性的要求更高。塔恩（Tan, 2012）和尼尼等（2012）的研究均发现企业债务违约后控制权转移到债权人手中，债权人要求企业采取更稳健的会计政策。

综上所述，对于中国的债权治理是否发挥作用结论并不一致，因此有必要结合中国的制度背景进一步研究债权治理是否有效以及债权治理发挥作用的外在市场机制和制度要求，推进我国债权治理外在制度和机制的改革，完善债权治理这种不可或缺的公司治理机制。特别是从现有文献来看，并未发现债权治理与股价崩盘风险的研究，本书试图从债权治理视角研究股价崩盘风险，有助于理解债权治理在股价崩盘风险上的经济后果。

2.2.4　股价崩盘风险

股价崩盘风险是全球金融危机背景下财务学研究的一个热点问题。吉恩和梅耶斯（2006）认为，经理成功地隐藏坏消息存在一个临界点，当经理隐藏坏消息的成本足够高，达到这个临界点时，坏消息会突然全部释放出来，从而股票价格急剧下滑，导致崩盘风险增大。布勒克和刘（Bleck and Liu, 2007）指出，经理隐藏坏消息的行为使得投资者和董事不能在早期发现净现值为负的投资项目，进而驱使经理放弃该项目，当净现值为负的投资项目导致的差的业绩累积到一定程度时会导致资产价格的骤降。哈顿等（Hutton et al., 2009）的研究结果表明财务报告透明度越低，股价崩盘风险越高。弗朗西斯等（Francis et al., 2012）发现公司的真实盈余管理行为也会增加股价崩盘风险。金姆和张（Kim and Zhang, 2010）利用 1964～2007 年美国的研究样本发现会计稳健性能降低股价崩盘风险。金姆等（2011a）认为税收规避是经理的一种机会主义行为，税收规避越多，股价崩盘风险越高。金姆等（2011b）比较了 CEO 与 CFO 的股权激励与股价崩盘风险的关系，认为高管为了实现自身股权价值的最大化会采取短期行为，这一短期行为包括隐藏公司的坏消息，会引起股价崩盘风险增大。何（He, 2012）则发现 CEO 的持有内部债权（比如奖金和推迟的薪酬支付）越多，倾向采取谨慎的行为，以保证自身债权的实现，从而财务报告质量更高，股价崩盘风险更低。弗朗西斯和卡卡杜（Francis and

Kabiawu，2012）研究表明管理者的过度自信增加了未来股价崩盘风险。皮奥特洛斯基等（2011）则认为中国上市公司会受政治的影响，在政治事件窗口上市公司会隐藏坏消息，这一行为影响了股价的崩盘风险。方等（Fang et al.，2010）发现萨班斯奥克斯法（Sarbanes－Oxley Act）颁布之后，股价崩盘风险显著降低。迪方德等（2011）则研究了强制采用国际财务报告准则对股价崩盘风险的影响。

另一部分文献则从信息中介行为和内部治理的角度研究了股价崩盘风险。卡朗和方（Callen and Fang，2011）研究发现，总体而言，机构投资者持股比例与股价崩盘风险显著正相关，区分短期机构投资者和长期机构投资者，机构持股比例与股价崩盘风险的正相关主要表现在短期机构投资者上，说明短期投资者与公司合谋，长期机构投资者具有监督作用。安和张（An and Zhang，2013）在研究机构投资者与股价崩盘风险的关系上，得出与卡朗和方（2011）类似的结论。哈肯萨克（Hackenbrack et al.，2011）则从审计师的角度出发，研究了审计收费的合谋行为与股价崩盘风险的关系，实证结果表明审计收费的合谋隐藏了公司的坏消息，这一行为加大了股价崩盘风险。尼和普达（Ni and Purda，2012）发现独立董事的增加可以降低股价崩盘风险。

国内方面，李增泉等（2011）研究表明关系型交易会增加股价的大跌风险。潘越等（2011）发现，公司信息透明度越低个股发生暴跌的风险越大，并且分析师关注能降低信息不透明对个股暴跌风险的影响。许年行等（2012）发现公司外部的分析师乐观偏差与股价崩盘风险显著正相关。李小荣和刘行（2012）则从 CEO 和 CFO 的性别角度研究了股价崩盘风险，实证结果表明女性 CEO 能显著降低股价崩盘风险，而女性 CFO 对股价崩盘风险的影响不显著；当 CEO 的权力更大时，女性 CEO 降低股价崩盘风险的作用更明显；当市场为"熊市"和 CEO 年龄更大时，女性 CEO 降低股价崩盘风险的程度更大。

综上，股价崩盘风险的形成原因可归纳如下：公司大股东基于"掏空"公司资源的机会主义行为和公司高管基于薪酬最大化、职业生涯和帝国构建等代理问题，倾向于隐藏公司负面消息或"坏消息"，但是隐藏坏消息是有成本的，随着时间的推移，坏消息在公司内不断累积，坏消息的隐藏存在一个临界点，一旦超过了这个临界点，无法再隐藏时，坏消息集中释放，引起股价急剧下滑，增加了股价崩盘风险。

2.3　本章小结

本章首先阐述了本书研究的理论基础，包括股东与管理者的代理理论、大股东与小股东的代理理论和债权治理理论。股东、管理者和债权人是公司的主要利益相关者，而公司的代理问题主要是基于这三个利益相关者，从这三个角度出发可以较为全面地厘清公司内部存在的代理问题，为本书后续的研究奠定基础。

随后我们回顾了与本书研究密切相关的文献，主要包括高管薪酬、金字塔结构、债权治理和股价崩盘风险方面的学术文献，在高管薪酬方面，由于我们的主题是基于代理问题视角研究股价崩盘风险，因此，我们从高管货币薪酬中的代理问题和在职消费两方面回顾了现有文献，从已有研究可以看出，还没有文献研究超额货币薪酬和超额在职消费在股价崩盘风险上的经济后果，因此我们的研究将推进此类研究。高管薪酬反映的是第一类代理问题，而金字塔股权结构则被众多的文献用以检验第二类的代理问题的经济后果，因此我们回顾了金字塔结构经济后果的文献，首先我们介绍了金字塔结构在世界上特别是新兴市场里的普遍存在性，之后从金字塔结构的正面经济后果和负面经济后果展开回顾和评述。债权治理方面的文献回顾从债权治理与代理成本、债权治理与投资、债权治理与公司价值和债权治理会计信息四个方面展开，从中可以发现虽然债权治理理论得到西方国家的广泛认同，但是基于中国的研究结论并不一致，因此有必要研究为什么债权治理理论在中国的研究结论不一致，以及债权治理在其他方面的经济后果，本书研究债权治理和股价崩盘风险将有益于提升我们对中国债权治理的认识和对如何降低股价崩盘风险提供债权人视角上的启示。现有股价崩盘风险的研究主要从信息透明度、股权激励、税收规避、会计稳健性、政治因素、国际财务准则、关系性投资、分析师和高管性别角度展开。可见，现有股价崩盘风险的研究依然较少，还有广阔的研究空间，我们从代理问题视角研究股价崩盘风险，将进一步丰富股价崩盘风险领域的研究。

第 3 章

制度背景

本章从中国上市公司的信息环境及成因、国企改革和薪酬设计、金字塔集团的形成和债权人保护四个方面介绍与本书研究问题相关的制度背景。首先通过中国上市公司信息环境及成因的介绍可以了解在中国研究股价崩盘风险的重要性和现实意义；其次国企改革和薪酬设计、金字塔集团的形成和债权人保护则分别对应着后文第 4 章、第 5 章和第 6 章的研究问题，通过这些制度背景的介绍一方面可以了解中国的现实情况；另一方面为后文的具体研究问题的提出和研究假设的推导提供铺垫性准备。

3.1 中国上市公司的信息环境及成因

3.1.1 中国上市公司的信息环境现状

信息透明度影响资本市场的资源配置效率和投资者权益保护，也是衡量资本市场是否健康有序发展的重要指标。安然、世通等美国知名公司的财务造假事件以及中国的深圳原野舞弊案、西川红光、琼民源、郑百文、银广夏、莲花味精等案例产生的恶劣后果，足以窥见信息透明度的重要性。中国的证券法规定：上市公司有义务公告招股说明书、公司债券募集办法、财务会计报告、上市报告文件、年度报告、中期报告以及可能严重影响证券价格的临时报告，中国证监会在此框架下进一步明确了上市公司强制信息披露的具体要求（汪炜和蒋高峰，2004）。近年来，中国的监管部门在会计准则趋同、提高独立董事比例、限制内部交易、加大操纵股价的惩罚等方面为提高公司透明度和证券市场透明度做了不少努力，也使我国的监管制度不断趋于完善。但是，限于中国的特殊制度背景，与国外发达国家相比，中国上市公司的信息透明度依然不高，财务报告质量依然较差。总体而言，中国上市公司的信息环境堪忧。

2001 年，普华永道用腐败程度、法律制度、政府的经济政策、会计准则和监管制度 5 个维度作为资本市场透明度的测度因素，调查了 35 个国家的信息透明度。调查结果显示，在总透明度方面，中国的不透明度分数为 87（总分 100），排名倒数第一；在会计准则方面的透明度方面，中国的不透明度分数为 86（总分 100），仅好于朝鲜。表 3 - 1 为皮奥特洛斯基和黄（2011）文中各种调查获得的相关指数或排名统计表。从表中的"不透明指数"可以发现，虽然从 2001 ～ 2009 年，中国的会计准则和公司治理不透明分数从 86 分降到 40 分，透明度得到极大提升，但是从同一年国别比较来看，中国的信息透明度在 2004 年、2008 年、2009 年在表中所列国家排名依然倒数第一。而其他新兴市场国家或地区，比如 2009 年，俄罗斯会计不透明分数为 26，印度为 29，巴西为 36，中国香港特别行政区则仅为 1。表 3 - 1 的右半部分为世界经济论坛全球竞争力报告的排名情况，2011 年中国的审计和财务报告披露强度在所调查的 134 个国家中排名第 61，而印度排名 51，巴西排名 49，马来西亚、新加坡和中国香港的排名则分别为第 25、第 3 和第 12。

表 3 - 1　　　　　　　　　　　　　　财务信息透明度

	不透明指数（分数）*				全球竞争力报告（排名）**	
	2001 年	2004 年	2008 年	2009 年	2008 年	2011 年
中国	86	56	41	40	86	61
美国	25	20	20	20	20	40
英国	45	33	10	11	17	15
德国	—	17	10	10	14	36
日本	81	22	21	21	44	35
巴西	63	40	37	36	60	49
印度	79	30	29	29	30	51
俄罗斯	81	40	26	26	108	120
中国香港	53	33	1	1	1	12
马来西亚	—	30	29	30	33	25
新加坡	38	50	14	14	7	3

	不透明指数（分数）*				全球竞争力报告（排名）**	
	2001 年	2004 年	2008 年	2009 年	2008 年	2011 年
朝鲜	90	30	30	30	36	96
中国台湾	56	40	30		53	30
泰国	78	20	21	21	58	56

注： * 会计准则和公司治理不透明得分。

    ** 审计和财务报告强度排名。

资料来源：Piotroski, J. D. , and Wong, T. J. , "Institutions and Information Environment of Chinese Listed Firm", Working Paper, 2011, The Chinese University of Hong Kong.

　　从学术研究角度来看，反映信息环境的指标主要有盈余管理、会计稳健性和股价特征等。盈余管理是企业管理者为了误导其他会计信息使用者对企业经营业绩的理解或影响那些基于会计数据的契约的结果，在编报财务报告和构造交易事项以改变财务报告时作出判断和会计选择的过程（魏明海，2000）。西方学者将盈余管理动机归纳为：资本市场动机、基于会计盈余的契约动机和迎合或规避政府监管的动机（蔡祥等，2003）。但是蔡祥等（2003）在回顾中国的盈余管理的相关文献发现，我国上市公司的盈余管理动机是资本市场监管动机，如增发新股和配股以满足相关规定、避免亏损以防被"摘牌"等。中国的《公司法》规定公司公开发行股票必须最近 3 年连续盈利，上市公司若连续 3 年亏损，则将被中国证券监管机构暂停上市。而配股也需要满足一定的业绩要求。1996 年之前，中国证监会要求配股的公司需要 3 年 ROE 平均在10% 以上。1996 年 1 月 24 日，配股要求为最近 3 年的净资产税后净利润率每年在 10% 以上。1999 年 3 月，中国证监会对配股的要求变为"三年平均净资产收益率不低于 10%，每年净资产收益率不得低于6%"。2001 年 3 月 15 日，配股需要达到"最近 3 个年度的加权平均净资产收益率平均不低于 6%"。正是由于政府的这些管制，导致中国的上市公司的盈余操纵现象非常严重。陆建桥（1999）通过 22 家亏损上市公司的研究样本的研究表明亏损的上市公司为了避免连续三年亏损，存在在亏损年份或前后年份调增或调减的盈余操纵行为。陈晓和戴翠玉（2004）发现亏损的上市公司会采用关联交易和重组活动等盈余管理手段扭亏为盈。赵春光（2006）则利用 2006 年《资产减值》准则为契机，发现亏损的上市公司存在利用资产减值进行盈余管理以避免亏损的行为。张昕（2008）则发现中国的上市公司在第四季度会进行盈余管理实现扭亏为盈。

阿哈尼等（Aharony et al.，2000）则发现中国的 IPO 公司在 IPO 当年资产收益率达到最大，但 IPO 之后资产收益率逐渐下降，说明公司在 IPO 过程中存在盈余管理行为。张宗益和黄新建（2003）则利用改进的 Jones 模型和修正 Jones 模型发现在 IPO 前 1 年、当年和 IPO 后 1 年存在显著的盈余管理现象。而在配股政策上，许多学者也发现公司为了达到监管要求进行盈余管理。蒋义宏和魏刚（1998）发现上市公司在配股前会采取盈余管理行为使 ROE 达到监管要求。陈小悦等（2000）认为监管机构对配股公司净资产收益率的定量要求实际上隐含了监管机构与上市公司的契约，因此作为代理人的上市公司有动机利用信息不对称和契约的不完备性操纵利润。杨旭东和莫小鹏（2006）则采用直方图和概率密度函数相结合的方法检验了配股政策变化对盈余管理的影响，文章得到三点主要结论：（1）盈余管理现象会随着配股政策的变化而变化，如 6% 和 10% 现象；（2）不管配股政策如何变化，都存在公司操纵利润避免亏损的现象；（3）盈余操纵多体现为调高利润而非调低。由此看来，我国监管部门的管制催生的盈余管理现象非常严重。

会计稳健性是财务报告质量的一个重要指标。是指在会计确认时对坏消息的确认比好消息的确认更及时和充分。由于会计稳健性可以显著降低信息不对称条件下契约各方的道德风险和机会主义行为，增进市场决策效率（赵莹等，2007），因此，稳健的财务报告对信息使用者有利（Watts，2003）。而且会计稳健性也是各国会计准则和国际会计准则确定的会计基本原则之一。财务报告是否稳健也就成为一个国家信息质量的重要标准之一。那么中国的会计稳健性在世界范围内处于什么位置？鲍尔等（2001）和布什曼和皮奥特洛斯基（2006）的研究表明中国企业对损失的确认比其他国家的企业更不及时，即使在中国的上市公司采用了国际会计准则也是如此。从图 3-1 和图 3-2 来看，不管是与发达国家相比还是与其他新兴市场国家比，中国对损失确认的及时性都比较缓慢。会计稳健性较差也就使财务报告的使用者无法及时了解公司的真实状况，进而影响契约的签订和利益相关者对其监督，从而降低了资源配置效率，有损投资者利益保护。

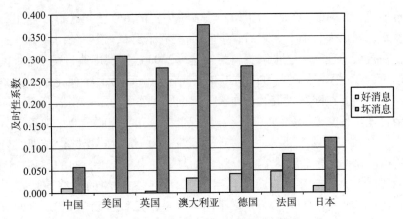

图3-1　中国和发达国家损失确认及时性的比较

资料来源：Piotroski, J. D., and Wong, T. J., "Institutions and Information Environment of Chinese Listed Firm", Working Paper, 2011, The Chinese University of Hong Kong.

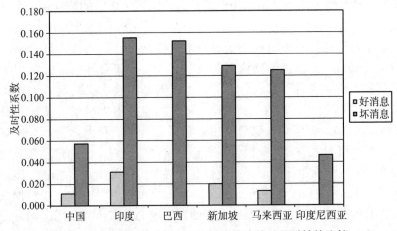

图3-2　中国和其他新兴市场国家损失确认及时性的比较

资料来源：Piotroski, J. D., and Wong, T. J., "Institutions and Information Environment of Chinese Listed Firm", Working Paper, 2011, The Chinese University of Hong Kong.

　　反映信息环境的股价特征主要有股价同步性和股价崩盘风险。股价同步性是指公司的特有信息反映到股价的程度，若公司的特有信息反映到股价的程度较小，则意味着股票价格与市场信息密切相关，表现为股价的同涨同跌现象严重，即股价同步性较高。只有当公司的特有信息反映到股价上，投资者才能区分出质量好的公司和质量差的公司，进而将资金投资到质量最好的公司上，因此，股价反映公司的特有信息越多，即股价同步性越低，资源配置效率越高。乌格（Wurgler，2000）研究发现资源配置效率与股价中的公司特有信息含量显著正相关。默克等（2000）则发现较之于成熟的资本市场，新兴市场国家的股价同步性较高。图3-3为默克等

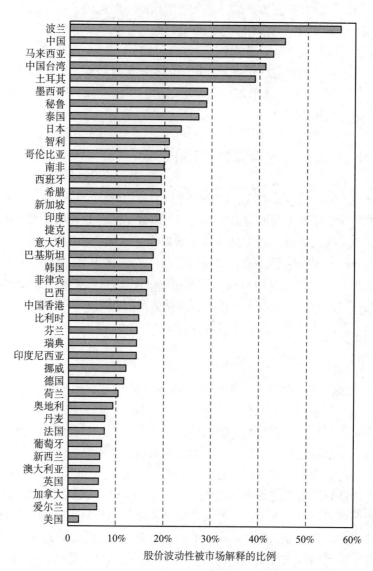

图3-3 各个国家或地区的股价同步性

资料来源：Morck, R., Yeung, B, and Yu, W., 2000, "The Information Content of Stock Markets：Why do Emerging Markets have Synchronous Stock Price Movements?", Journal of Financial Economics, 58, P.227

（2000）文中各国（地区）的股价同步性比较情况，由此可以看出，中国资本市场的股价同步性非常高，排在第二位。而吉恩和梅耶斯（2006）的研究则显示中国的股价同步性排名第一。股价崩盘风险刻画的是股价的负向偏态性，即股价的左偏程度。前文的文献回顾中提到公司压制坏消息到一定程度会导致股价的急剧下滑，也就是股价崩盘风险较高。因此股价崩盘风险也一定程度上反映公司的信息披露情况。皮奥特洛斯基等（2011）是基于中国数据的研究，可以发现中国的股价崩盘风险高于吉恩和梅耶斯（2006）文中显示的全球平均水平。所以从股价的左偏程度也可推断出中国的信息环境较差。

3.1.2　中国上市公司的信息环境成因

上一小节从信息透明度、盈余管理、会计稳健性、股价同步性和股价崩盘风险等角度较为全面地揭示了我国上市公司的信息环境情况，但是最为根本的是找到造成中国信息环境差的原因。皮奥特洛斯基和黄（2011）深刻地分析了中国信息环境差的制度原因。他们认为这些制度原因包括：国有企业占大部分、政府对资本市场的控制、产权保护差、缺乏独立审计、关系网络和政治关联。本书将其概括为政府控制、投资者保护和关系契约三个方面的原因，并在下文详述。

1. 政府控制

虽然中国自计划经济时代转向了市场经济时代，市场化改革不断推进，但是"政府控制"依然是中国的典型特征，表现为政府干预，而政府干预主要体现在：政府对企业股权的控制、人才市场的控制和资源的控制等方面。下面从这三个方面阐述其如何影响信息环境。

政府对企业股权的控制，在中国国有企业占绝大多数。2010年7月，国家平均拥有国有企业53%的股份，47%的股份由个人、机构投资者、投资信托公司和民营企业拥有，并且中国的两个股票交易所的89%的资本由65%的国有企业控制（Piotroski and Wong，2011）。国有企业的所有者缺位，容易导致内部人控制问题。内部人拥有更多的机会操纵会计信息导致会计信息质量的低下（朱茶芬和李志文，2008）。

人才市场的控制体现在国企的超额雇员。对于政府而言，促进就业是政府的重要目标，因此，政府总期望公司雇用更多的员工以实现就业指标

（刘慧龙等，2010）。国企改革之前，我国劳动力的分配采用的是苏联的计划体制，即国有企业在用工方面"能进不能出"，不能以任何经济性原因裁员，伴随着国企改革的步伐，虽然相关部门依次颁布了《国营企业实行劳动合同制暂行规定》《全民所有制工业企业转换经营机制条例》《企业经济性裁减人员规定》，但国有企业在就业方面的社会职能依然存在（曾庆生和陈信元，2006）。由于国有企业的解决就业等政策性负担，当地政府就不单使用营利性信息来考核和评价国企高管，因此降低了外部对高质量财务信息的需求，导致国企信息环境较差。

政府对资源的控制表现在政府对资本市场的管制。资本市场设置的初衷是为国企改革服务的，股票市场基本上按照政府的政策意图运行。政府拥有选择哪些公司IPO、配股和增发的权利。虽然中国的新股发行制度经过了审批制、核准制等阶段，并逐步向注册制迈进，市场化运作不断推进，但是中央监管部门依然拥有分配上市公司资源的绝对权力。权力的存在导致设租和寻租甚至腐败现象的存在，这种设租和寻租降低了企业提高高质量信息的动机和监管部门对高质量财务信息的需求。此外，我国的监管部门为首发、增发、配股和退市等设置了一定的业绩指标条件，企业为了达到这些条件采取各种盈余手段操纵会计信息，使得我国企业的业绩在0、6%、10%附近集聚，这一现象得到许多学者的实证证明。企业另外一个融资来源是银行贷款。而国有企业的银行贷款主要来源于四大国有银行。国有企业和国有银行情同手足的关系，导致银行贷款较少关注国企的会计信息。银行信贷资金更多地投放于国有企业，这一产权性质上的信贷歧视导致债务治理功能的失效。债务治理在会计信息上的体现是指由于债务契约是以会计指标为依据的，一方面，企业要想获取更多的债务规模或降低债务融资成本需要提高信息透明度，另一方面债权人对坏消息的敏感导致企业提高会计稳健性。陈等（2010）利用中国的数据研究了银行（债权人）和企业（债务人）的国有属性对会计稳健性的影响，结果发现国有企业比非国有企业的会计稳健性更差；从国有银行获取的贷款越多，会计稳健性更差；从商业银行获取贷款的企业的会计稳健性比从政策性银行获取贷款的企业会计政策选择更稳健；从外资银行或外国独资银行获取贷款的公司会计稳健性更高。

政府干预还体现为政府的援助之手。"预算软约束"是国有企业的又一典型特征。它指当国有企业陷入财务困境时，政府会援助企业。国有企业的"预算软约束"使投资者在投资时降低对企业会计信息的关注，而更多地关注企业是否能获得政府救助或获得政府补助的强度。"预算软约束"的存在也导致银行既没有能力也没有动力对国有企业实施有效监督，也就难以构成对国有企业的威慑力，使其提高会计信息质量。简和黄（Jian and Wong，2010）则发现公司的最终控制人会通过关联销售来虚增上市公司业绩，而且这一现象在国有控股的公司中更普遍。

2. 投资者保护

中国的投资者法律保护大致可分为三个阶段：第一阶段，1994年7月之前为投资者保护的初级阶段，这个阶段的投资者保护特点是：具有阶段性特征，法律法规不稳定，旧法容易被新的法律法规代替；具有浓厚的行政色彩，严肃性和权威性不够，投资者的权益没有得到依法保护；各项法律法规间缺乏严密的立法逻辑，前后解释不一致；法律条款仅具有原则性，可操作性差。第二阶段，1994年7月~1998年7月为投资者保护的发展阶段，1994年7月1日，《公司法》生效标志着中国的投资者保护进入有法可依阶段，《公司法》也是中国迄今为止保护投资者的最为完整和全面的法律，随后的《公司股份变动报告的内容与格式试行》、《企业会计准则——关联方关系及其交易的披露》等法律法规主要从信息披露角度规范了投资者保护。第三阶段，1999年7月至今为投资者保护的完善阶段，1999年7月1日，《证券法》正式发布，这部法律除了继续强化和完善上市公司的信息披露制度外，上市公司的公司治理问题得到关注，这个阶段投资者的合法权益得到高度重视。《上市公司股东大会规范意见》（2000）和《上市公司治理准则》（2002）进一步从公司治理角度保障中小投资者的合法权益（沈艺峰等，2004）。

虽然随着我国资本市场的发展，投资者保护得到不断加强和重视，但是与发达国家相比，中国的投资者保护水平依然较低。麦克尼尔（MacNeil，2002）提出中国的法律制定者更关注对国家保持上市公司控制权的保护，而对投资者的保护程度较低。科夫等（Djankov et al.，2003）在比较世界109个国家的审判制度后发现中国的律师资源缺乏、律师的知识水平较低、审判系统缺乏效率。艾伦等（Allen et al.，2005）发现从立法上中国的投资者保护水平低于其他绝大多数国家，而投资者保护的执法力度则显著低于其他国家的平均水平。许年行等（2013）认为中国证券市场上虚假陈述、虚构利润、内幕交易、操纵市场等各种侵害中小投资者利益的违法违规案件屡有发生主要原因之一在于执法不严。

投资者保护程度低，一方面导致大股东更加肆无忌惮地侵害小股东利益，并且采用不透明的方式甚至通过操纵会计信息的方式隐藏其实现私利的行为。范和黄（Fan and Wong，2002）的研究表明控股股东与中小股东的代理问题越严重，控股股东在报告财务信息时存在自利的动机，因此报告的信息缺乏可靠性，投资者难以相信。默克等（2000）则采用跨国的数据表明公司特有信息反映到股价的程度与投资者保护程度紧密相关，投资者保护程度越高，股价中反映的公司特有信息越多。另一方面，由于投资者预期到控股股东报告的信息不可靠，会依靠公司的政府背景、宏观环境、市场态势和心理情绪等信息做投资决策，缺乏对高质量信息需求的诉求。中国的投资者保护程度较低也难以吸引更多的外国投资者来改善公司的信息环境（Piotroski and Wong，2011）。

3. 关系契约

在新兴市场国家，市场发展还不充分，企业主要依靠所有者和经理人的政治联系和社会网络等关系契约进行经营（Hung et al.，2011）。而中国作为世界第二大经济体，具有新兴市场国家的典型特征，关系契约占绝对主导。从现有的国外文献对中国"关系"研究兴趣的浓厚程度和日常生活中人们对"关系"的津津乐道，无不反映"关系"在中国的普遍存在性和契约签订及执行过程中的分量。其中一个重要关系就是政企关系，由于中国政府对市场和资源配置的控制程度较大，企业总是想方设法地与政府建立关系，甚至出现严重的政府俘获或企业寻租现象。法乔（2006）研究发现在腐败较严重、外资进入限制较大和制度更不透明的国家，企业建立政治联系更为普遍。罗党论和唐清泉（2009）基于中国的数据发现地方产权保护越差、政府干预越大以及金融发展水平越落后的地区，民营上市公司与政府形成政治关系的动机更强。

范等（2010）认为新兴市场国家信息不透明的一个重要原因在于这些国家以家族、社会和政治因素形成的关系网络普遍存在，关系网络虽然可以使交易双方建立信任、便于契约的执行，有助于提高生产力和企业价值，但是现有的会计系统无法度量关系网络的数量、质量和价值，因此会计盈余无法反映公司经济价值的变化，表现为盈余信息含量较低。查内等（Chaney et al.，2011）发现政治关联企业的会计信息质量更低，因为，第一，由于政治关联获得的收益超过其为建立政治关联支付的成本，故企业内部人隐藏或推迟确认收益以迷惑投资者；第二，政府给其相关联的公司提供了保护，政治关联公司提供低质量信息受到的惩罚较低，政治关联公司更不关心其信息披露质量，也不愿花大量时间精确度量应计。李增泉等（2011）认为关系型交易降低了双方对高质量公开信息的需求，并且关系型资产的专用性提高了外界通过市场信息对交易行为进行类比的解读成本，其实证研究表明上市公司与企业集团的关联度越高，上市公司股价中反映的公司特有信息就越少，表现在具有更高的股价同步性和暴涨暴跌风险。

3.2　中国国企改革和薪酬设计

3.2.1　中国的国企改革历程

中国从计划经济向市场经济的渐进式改革是推进中国经济增长的重要驱动力，在其中，占中国经济绝大比重的国有企业改革更是改革的重点和焦点。在改革开放之前，国有企业是政府的附属机构，企业没有自主经营权，基本上靠政府的行政指令运行，企业的管理者和职工也不需要为经营结果负责，使得国有企业经营效率极其低下。为此，政府推动了一系列的国企改革措施，天则经济研究所课题组（2011）将中国的国企改革划分为"放权让利"改革、"两权分离"改革、建立和完善"现代企业制度"改革三个阶段，下文将按照天则经济研究所课题组（2011）对国企改革阶段的划分对我国国企改革的历程予以介绍[①]：

1. "放权让利"的改革阶段（1978～1986 年）

"放权让利"是指政府向企业下放部分的经营权和收益权，目的在于改善企业管理者、员工的激励水平和调整利益分配格局。"扩大企业自主权"、"利改税"、"租赁制"是"放权让利"改革的三种主要形式。"扩大企业自主权"的改革最初在四川开始试点。1978 年 10 月，四川省选择不同行业具有代表性的成都无缝钢管厂等 6 家企业率先进行试点，主要措施是允许企业年终完成计划后留有少量利润作为基金，并允许给职工发放

---

①　这部分内容参照了天则经济研究所课题组，《国有企业的性质、表现与改革》，2011。

奖金。而随着 1979 年 7 月国务院的《关于扩大国营工业企业经营管理自主权的若干规定》《关于国营企业实行利润留成的规定》等文件的发布，全国有 26 个省、自治区、市 1590 家工业企业进行了扩大企业自主权改革试点。但是扩大企业自主权改革没有明确限定企业的权利边界，也没有相应的约束机制对企业的权利进行限制，初期改革并未改善国家财政状况。1981 年，工业企业试行了利润包干制度，确定了"利润留成""盈亏包干""以税代利、自负盈亏"三种分配类型，利润包干制度开始取得了一些效果，但该制度由于存在企业与政府讨价还价的空间，导致"鞭打快牛"与"苦乐不均"的现象，由此，中央决定停止推行利润包干制度，转而采用"利改税"。

1983 年国务院批转了《财政部关于国营企业利改税试行办法》，提出分两步实施利改税。第一步"利改税"要求盈利的国营大中型企业按实现利润的 55% 的税率缴纳所得税，税后利润一部分留给企业，剩余部分交给国家；第二步"利改税"将比例税改为累进税，"税利并存"过渡到"以税代利"。但是"利改税"并未改变企业税负过重、"鞭打快牛"与"苦乐不均"等问题。"租赁制"始于 1984 年沈阳汽车工业公司的试点，随后许多小型工业企业进行了租赁制改革。租赁制就是将企业租给个人，主管部门收取一定的租金，承租人获得剩余收入。实际上，这种"租赁制"类似于承包制经营。在"租赁制"改革过程中，"厂长负责制"和"厂长任期目标责任制"也相继出现了。

2. "两权分离"的改革（1987～1992 年）

第一阶段的放权让利改革虽然一定程度上盘活了国有企业，但依然在计划经济体制内转圈，没有触及经济体制改革。1987 年 3 月《政府工作报告》指出完善企业的经营机制是改革的中心。1992 年 7 月国务院颁布的《全民所有制工业企业转换经营条例》规定了国有企业的 14 项经营权。中国"两权分离"为特征的阶段主要包括"承包制"、"资产经营责任制"和股份制试点改革三个阶段。

1986 年 12 月国务院在《关于深化企业改革增强企业活力的若干规定》提出推行各种形式的承包经营责任制。1987 年 4 月国家经委召开座谈会，决定在全国范围内推广承包经营责任制。"承包制"在实行的初始阶段得到广泛欢迎，承包情况也较好，但是随着经济形势的变化、政策变化等问题，后期出现企业"不好包、不愿包和不敢包"的现象。承包制实现了一定程度的两权分离，但依然受到政府的大量干预。当企业的业绩不好时，政府一般收回企业的经营权，而当企业经营由于政府管得过严而缺乏活力、收入下降时，政府又下放权力。

"资产经营责任制"包括两方面的内容，一是所有制形式多样化，允许一定的私人资本主义存在；二是通过所有权和经营权的分离，摆脱国有企业与政府的行政隶属关系。资产经营责任制分三步实施。第一步，企业聘请专家成立考评委员会，以企业现有资产为标的招标合适的经营者；第二步，选出的经营者与主管部门签订经营合同。第三步，主管部门评价经营者，根据经营情况采取奖罚措施。由于资产经营责任制对经营者的让利程度较小，但约束程度却较大，这种改革没有得到大范围推广。

1984 年北京天桥百货股份有限公司的成立和上海飞乐音响公司向社会发行股票的事件，是股份制试点的正式开始的标志。1992 年 5 月国家经济体制改革委员会等部门发布的《股份制企业试点办法》推进股份制试点改革向规范化发展。早期的股份制改革主要目的在于拓展资金筹措和融资渠道。在当时，股份制实际上只是企业增加职工收入的一种方式，由于缺乏必要的市场条件，早期的股份制改革只能流于形式。

3. "现代企业制度"的改革（1993 年至今）

1993 年 11 月党的十四届三中全会提出的建立现代企业制度标志着中国国有企业改革进入第三阶段。这一阶段的改革历程主要包括："股份制改革"、"国有企业战略性改组"、"建立国有资产管理体制"等三个阶段。

上海证券交易所和深证证券交易所分别于 1990 年和 1991 年成立，这标志我国的股份制改革进入新的阶段。1993 年《公司法》的颁布之后，国有企业的股份制改革逐步向法治化和规范化发展。1993 年 11 月，十四届三中全会通过了《关于建立社会主义市场经济若干问题的决定》，明确国有企业改革的方向为建立"产权清晰、权责明确、政企分开、管理科学"的现代企业制度。至 1996 年底，100 家不同类型的国有大中型企业的改革方案已开始实施，而各地区和各部门也选取了一些企业进行试点。股份制改革使得国有企业向现代企业制度迈进了一大步，但是国有企业政企不分、所有者虚位等问题依然没有得到很好解决，这导致国有企业业绩依然较差，于是中央提出了国有企业的战略性改组。

1995 年 9 月党的十四届五中全会态度鲜明地指出"对国有企业实施战略性改组。这种改组必须以市场和产业政策为导向，抓大放小，将优化国有资产分布结构、企业结构同优化投资结构有机结合，择优扶强、优胜劣汰"。1997 年党的十五大报告和 1999 年党的十五届四中全会《关于国有企业改革和发展若干重大问题的决定》则进一步提出战略上调整国有经济布局和采取抓大放小的方针，从整体上发展国有经济，使国有经济发挥主导作用。2006 年底，国资委发布《关于推进国有资本调整和国有企业重组的指导意见》提出了中央企业的重组目标，并要求国有资本集中在重要行业和关键领域。

2002 年 11 月，党的"十六大"提出"建立国有资产管理体制"。2003 年 10 月，十六届三中全会要求政府公共管理职能和国家资产出资人职能分开，建立国有资本经营预算制度和企业经营业绩考核体系。到 2007 年底，全国地市级国有资产监管机构及组织体系的组建工作基本完成。国资委以《企业国有资产监督管理暂行条例》为依据，共制定了企业改制、产权转让、资产评估、业绩考核、财务监管等 16 个规章和 40 余件规范性文件，而且各地国有资产监管机构相继出台了许多地方性法规和规章制度，国有资产监管的法规体系基本形成。

3.2.2 国有企业的薪酬设计

本书的薪酬包括显性薪酬和隐性薪酬，显性薪酬指货币薪酬，隐性薪酬指在职消费。国有企业的薪酬体系伴随着国企改革的步伐不断演进。首先介绍中国国有企业货币薪酬体系的发展过程。20 世纪 80 年代之前，国有企业是政府的附属机构，国企的薪酬服从国家指令式管理，高管的薪酬由职务等级决定，与经营业绩并没有直接的联系。薪酬结构主要有现金薪酬、社会工资（如奖金、退休金、医疗保险和失业保险等）和非物质奖励（如行政晋升和荣誉等），奖金所占比例特别少，并且现金薪酬是根据地理位置、行业、雇员特征（如任期、教育背景、性别和职务头衔等）决定的（Chow，1992；Bai and Xu，2005；Kato and Long，2005）。这个时期国有企业高管的激励特征是"重行政晋升，轻物质奖励"。20 世纪 80 年代期间，随着利改税、承包制、经营责任制等制度的改革，国有企业实行了绩效工资、岗位等级工资、浮动工资等薪酬制度形式，并且由于放权让利的改革，管理者的自主经营权不断增大，管理者的才能和努力与企业经营业绩的相关性逐步增强。这一改进还可以从相关的规定中得以体现。如 1984 年《中共中央关于经济体制改革的决定》指出工资分配不能采用全社会统一的形式，而应"按劳分配"；1985 年初发布的《关于国营企业工资改革问题的通知》指出"企业职工工资的增长依靠本企业经济效益来提高，国家不再统一安排企业工资调整和工资改革"。1992 年之后，国企的薪酬制度进入一个新的阶段。1992 年上海英雄金笔厂等三家企业开始试点年薪制，随后深圳、江苏、四川、河南、福建和辽宁等地开展了年薪制改革试点。国家也出台了一系列规范国企高管薪酬的法律法规和相关规定：2003 年，国资委发布的《中央企业负责人业绩考核暂行办法》从激励机制设计和经营业绩指标方面做了相关规定，年度考核指标考察利润总额和净资产收益率等基本指标和目标业绩指标，还要考核国有资产保值率、销售收入增长率、行业和宏观经济等因素。2004 年，国资委出台的《中央企业负责人薪酬管理暂行办法》规定央企负责人的薪酬包括基础薪酬、绩效薪酬和中长期激励薪酬。2006 年之后，国资委又相继发布了《中央企业综合绩效评价管理暂行条例》、《关于规范中央企业负责人职务消费的指导意见》、《中央企业负责人年度经营业绩考核补充规定》等法规，国企薪酬激励机制得到逐步完善。2009 年 9 月 16 日，针对国企的"天价薪酬"等问题，人力资源和社会保障部等六个部门联合下发了《关于进一步规范中央企业负责人薪酬管理的指导意见》，俗称"限薪令"。

国有企业货币薪酬的一个显著特点是薪酬管制。陈冬华等（2005）指出，在实践中政府对高管的薪酬实施严格的管制，主要的管制方法是将高管的薪酬与员工工资挂钩。如 1994 年国家劳动部与国家经贸委、财政部颁布的《国有企业经营者年薪制试行办法》明确规定经营者基薪最高不能超过员工平均工资的 3 倍。政府管制导致的后果主要有两个方面：一是容易被不同的利益集团用于谋取私利；二是管制的"脱离实际"和"刚性"特征会诱发机会主义行为，扭曲市场的演进秩序（陈冬华等，2005）。货币薪酬的政府管制，导致企业高管从非物质收益中寻求激励，而在职消费就是其中一种。在我国，国企的在职消费非常严重。从图 3-4 可以发现，中国上市公司的高管的在职消费远远高于货币薪酬。

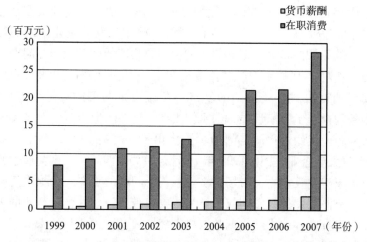

图3-4 1999~2007年中国上市公司高管薪酬与在职消费

资料来源: Chen, D. H. , Li, O. Z. , and Liang, S. K. , "Do Managers Perform for Perks?", working paper, Nanjing University and University of Arizona, 2010.

3.3 金字塔集团的形成

3.3.1 中国企业集团的演进历程

企业集团在世界各国普遍存在,特别是在新兴市场国家具有举足轻重的作用。中国推动企业集团的组建的起因于目睹了第二次世界大战后日本经济重新崛起以及韩国经济的快速起飞(李智,1994),而中国推动企业集团的目的在于提高国有企业经营效率和提升中国企业的国际竞争力。中国企业集团的演进与国企改革和中国的改革开放历程如影相随。20世纪80年代初期,企业间出现"横向联合",即隶属于同一部门间的联合①。但是由于企业间的联合不牢靠、成员间关系不清等问题的存在,许多联合体不久就解散了。1986年,国务院发布的《关于进一步推动横向经济联合的若干问题的规定》指出:"通过企业之间的横向经济联合,逐步形成新型的经济联合组织,发展一批企业群体或企业集团"。自此,"企业集

---

① 不同部门间的联合较少。

团"字眼在官方和实践中得以广泛应用,也标志着中国企业集团建立步入正轨之路。1987 年,国务院颁布的《关于组建和发展企业集团的几点意见》对企业集团的定义、组建集团的原则和集团的内部管理等问题首次作出了明确规定。1989 年,国家体改委印发的《企业集团组织与管理座谈会纪要》则首次对企业集团的基本特征做出了明确的规定。1991 年 12 月,国务院批转了国家计委、国家体改委、国务院生产办公室《关于选择一批大型企业集团进行试点的请示》提出了"六统一"①,确定了首次试点的 55 家大型企业集团。1993 年 11 月,中共十四届三中全会通过的《中共中央关于建立社会主义市场经济体制若干问题的决定》中提出要"发展一批以公有制为主体,以产权联结为主要纽带的跨地区、跨行业的大型企业集团,发挥其在促进结构调整,提高规模效益,加快新技术、新产品开发,增强国际竞争能力等方面的重要作用"。1995 年起,国家实施了"抓大放小"的战略举措,企业集团化试点成为四大试点内容之一。1997 年,国务院批转了国家计委、国家经贸委、国家体改委《关于深化大型企业集团试点工作意见的通知》,该通知提出了"建立以资本为主要纽带母子公司体制"的目标。1999 年 9 月,中共十五大通过了《中共中央关于国有企业改革和发展若干重大问题的决定》,其中提出"要着力培育实力雄厚、竞争力强的大型企业和企业集团,有的可以成为跨地区、跨行业、跨所有制和跨国经营的大企业集团。要发挥这些企业在资本营运、技术创新、市场开拓等方面的优势,使之成为国民经济的支柱和参与国际竞争的主要力量。"。2001 年,国务院颁布的《关于发展具有国际竞争力的大型企业集团的指导意见》则意味着中国企业集团步入了"做大做强"的阶段。截至 2006 年底,中国共有企业集团 2856 家,其年销售收入之和与国内生产总值(GDP)的比例达到 82%(黄俊和陈信元,2011),企业集团已成为中国经济的重要组成部分。

3.3.2 国有民营金字塔集团形成原因的差异

金字塔是企业集团的一种典型组织结构,我国的绝大部分企业集团以

---

① "六统一"内容:发展规划、年度计划,由集团的核心企业统一对计划管理部门;实行承包经营,由集团的核心企业统一承包,紧密层企业再对核心企业承包;重大基建、技改项目的贷款,由集团核心企业对银行统贷统还;进出口贸易和相关商务活动,由集团核心企业统一对外;紧密层企业的主要领导干部,由集团核心企业统一任免。

金字塔结构形式存在（张瑞君和李小荣，2012）。国有企业和民营企业的金字塔集团的形成原因存在差异。国有企业金字塔结构的形成在于"放权让利"（Fan et al. 2012）。国家为了降低国有企业的低效率，采取了放权让利、两权分离、承包经营、利改税、股份制改革、建立现代企业制度等举措，这些分权的改革使得国有企业多层级控股方式不断涌现，控制链条不断增长（钟海燕等，2010）。政府控制上市公司的途径主要有两种，一是政府直接持有上市公司大部分股份，二是通过金字塔中间的一家或多家公司间接控制上市公司（张瑞君和李小荣，2012）。我国民营企业集团的形成既是市场选择结果，也是对政府干预的防御性安排（陈信元和黄俊，2007）。刘等（2010）认为民营金字塔结构的企业集团是弱法律和弱市场环境的替代，他们指出在中国，民营企业在获取重要资源（如许可证、执照、土地使用权和资本）较之国有企业存在劣势，并且民营企业融资约束的存在导致其对良好内部资本市场的渴求，因此，民营企业采用复杂的所有权结构应对政府规制和尽可能使用较少的资本控制更多的资产，这就是民营企业金字塔结构形成的根本原因。

3.4 债权人保护

孙永祥（2002）指出，中国对债权人的保护低于世界的平均水平，如果再考虑中国的法律执行比较松散和随意性大，中国对债权人权利的保护是非常不足的。艾伦等（2005）发现无论与拉波特等（1998）样本中的发达国家还是发展国家相比，中国的法律制度和执行力度都处于较弱的地位。从表 3-2 可以看出，中国的债权人权利总分为 2，远低于英美法系的3.11，也低于 LLSV（1998）样本的平均值 2.30。并且，英美法系中 78%的国家的债权人权利高于中国，德国法系和斯堪的纳维亚法系中分别有83%和 75%的国家债权人权利保护高于中国。具体到中国与其他新兴国家相比，表 3-3 可以看出，中国的债权人保护水平低于印度、巴基斯坦和南非。在执法水平上，世界银行提供的国家治理指数中有一指标"rule of law"，该指标衡量了各国政府对私人部门发展的态度、投资者对合同执行质量、法院等的评价以及政府对腐败的控制等，某种程度上反映了各个国家的执法水平，从这一指标来看，中国在 212 个国家中处于第 25~50 分位置较低，1999~2006 年平均得分仅为 -0.4163，低于印度的 0.099，远远低于美国的 1.59（王海霞和王化成，2009）。可见，中国的执法水平较差。

表 3 - 2 　　　　　　　债权人权利比较：中国与 LLSV 国家

各法系平均值	进入重组后抵押物可否获取	有抵押债权是否最先偿付	债权人可否限制重组	经理不一定进入重组程序	债权人权利总分①	法定偿债准备金资本金比例
英美法系	0.72	0.89	0.72	0.78	3.11（78%）	0.01
法国法系	0.26	0.65	0.42	0.26	1.58（53%）	0.21
德国法系	0.67	1.00	0.33	0.33	2.33（83%）	0.41
斯堪的纳维亚法系	0.25	1.00	0.75	0.00	2.00（75%）	0.16
LLSV 样本平均	0.49	0.81	0.55	0.45	2.30（68%）	0.15
中国	0	1	0	1	2	0.00

注：中国数据来自于：中国破产法（2000）；LLSV 国家数据来自于：LLSV（1998）。括号中的数值表示子样本国家的测量值高于或等于2（中国的总测量值）的百分比。

资料来源：Allen, Qian and Qian（2005），"Law, finance, and economic growth in China", Journal of Financial Economics, 77, P. 65.

表 3 - 3 　　　　　　　中国和其他新兴国家法律体系的比较

国家	司法体系的效率	法律规则	腐败	抗董事权	一股一票	债权人权利	会计准则
中国	N/a	5	2	3	1	2	N/a
印度（E）	8	4.17	4.58	2	0	4	57
巴基斯坦（E）	5	3.03	2.98	4	1	4	N/a
南非（E）	6	4.42	8.92	4	0	4	70
阿根廷（F）	6	5.35	6.02	4	0	1	45
巴西（F）	5.75	6.32	6.32	3	1	2	54
墨西哥（F）	6	5.35	4.77	0	0	0	60

注：中国—国际国家风险（等级代理）；其他所有国家来源于 LLSV，"E"（"F"）表示英国普通法系（法国民法体系）。

资料来源：Allen, Qian and Qian（2005），"Law, finance, and economic growth in China", Journal of Financial Economics, 77, P. 69.

　　中国的债权人保护程度较低除了体现在立法和执法上，另一重要原因

---

① 债权人总分等于表中前4列之和，其中1为债权人保护在法律中有规定，否则为0。

在于预算软约束。预算软约束反映的是"政府、银行等预算支持体基于
'父爱主义'、政治目的或理性考虑动机，通过税收、贷款、财政补贴等各
种手段向企业等预算约束体提供救助"的现象（郭剑花和杜兴强，
2011）。由于预算软约束的存在，企业预期到政府会给予救助，不存在破
产威胁，因此企业的管理者或大股东就轻视债权人，加重了管理者追求私
利、大股东"资产替代"等严重侵害债权人的利益行为的发生。企业的一
个重要债权人是银行，但是中国的银行与政府存在千丝万缕的联系，导致
银行债权人治理作用发挥不够。虽然我国的商业银行经过了商业化、市场
化和股份化等改革阶段，但是银行贷款与经理人代理成本的协同关系并没
有得以改善（田利辉，2005）。

3.5　本章小结

　　本章通过梳理和介绍本书相关的制度背景，可以获知：中国是一个信
息环境较差的新兴市场国家，造成我国信息环境较差的原因主要在于中国
的政府控制占主导、投资者保护较差和关系型交易盛行。中国的信息环境
差是导致中国上市公司股价同步性居于世界前列和股价崩盘风险高于世界
平均水平的根本原因。中国的国有企业改革一定程度上改善了政府控制的
程度，特别是放权让利的改革，极大地调动了生产经营者的积极性，推动
了中国经济的发展。而民营企业也通过建立集团也降低政府的规制和缓解
融资约束。这些因素推动了中国企业集团的不断发展壮大。但是国有企业
的薪酬管制、高管权力薪酬和在职消费严重带来了一些负面后果，阻碍了
中国企业的发展和效率的提升。债权人，作为企业重要的利益相关者，没
有得到应有的重视，由于中国对债权人保护在立法、执法严重不足以及中
国的"预算软约束"的存在，导致中国的债权人保护水平较低。

第 4 章

股东—经理代理问题与股价崩盘风险：超额薪酬视角

4.1 引　言

近年来，随着全球金融危机和公司丑闻的接连发生，其深层次原因和导火索成为政府监管部门、社会公众和学术界关注的焦点问题。这其中，很多人将金融危机归咎于公司高管获取了过高的薪酬，即所谓的"天价薪酬"。例如，美国财长盖特纳在2009年6月9日财政预算听证会上指出，虽然金融危机的发生可能有多方面原因，但高管薪酬和冒险行为确实会增加金融脆弱性（Kim et al.，2011b）。布林德尔（Blinder，2009）甚至认为，"疯狂"的高管薪酬是导致金融危机的基本原因之一（《华尔街日报》，2009年6月5日）。

在中国，高管"天价"薪酬同样引起政府部门和媒体的广泛关注。"最贵老板"平安董事长兼首席执行官马明哲年薪高达6616万元；国泰君安2008年薪酬费用32亿元，人均100万元；北京师范大学发布的《中国上市公司高管薪酬指数报告（2011）》称，2010年中石油高管人均收入110.22万元，并指出垄断性企业高管薪酬存在激励过度问题，而ST公司高管激励过度比重过半。[①] 除显性的货币薪酬引起普遍质疑外，国企"天价酒"、"天价灯"、"天价名片"和"天价车"等奢侈隐性薪酬或在职消费也引起公众一片哗然。

尽管如此，学术上对高管"天价薪酬"及其与金融危机或金融脆弱性

---

① 参见刘海玲：《垄断性企业高管薪酬存在激励过度问题》，载《中国会计报》2010年7月2日。

之间关系的实证研究并不多见。那么，理论上，高管的天价薪酬会对公司产生什么影响？是否增加股价崩盘风险？不同产权性质的企业，高管天价薪酬与股价崩盘风险的关系是否不同？如果超额薪酬会增加股价崩盘风险，那么如何约束高管获取天价薪酬的行为，以提高金融市场的稳定性？

　　围绕这些问题，本章以2001~2009年我国沪深两市上市公司为研究对象，从企业微观层面实证考察高管"天价薪酬"与股价崩盘风险之间的关系。笔者认为，我国资本市场和企业的相关特征为该课题的研究提供了理想的样本。第一，国有企业与民营企业在股权结构和公司治理方面存在显著的差异。在国有企业中，所有者缺位，"内部人控制"问题严重，导致股东与管理层之间的信息不对称程度非常严重和股东对经理的弱监督。同时，国有企业的高管很多由政府指定，往往具有一定行政级别，再加上国企的放权让利改革使高管不断地掌握生产经营、投资、融资和人事方面的自主权，国企改革过程实际上是高管权力不断增大的过程（卢锐，2007）。这使得高管可利用权力获取超额薪酬，并以"伪装"（camouflage）的方式使其萃取租金的过程不透明或合法化，从而造成高管"天价薪酬"的报道屡有发生。而民营企业较少受到政府的影响，公司治理较好。这为研究此问题提供了一个很好的实验场所。第二，与西方国家高管薪酬激励中股票和期权占很大比重不同，我国高管的薪酬激励仍以货币性薪酬为主，管理层持股和股票期权较少。① 并且，高管的薪酬主要基于公司的利润业绩或市场表现来确定（罗玫和陈运森，2010；辛清泉和谭伟强，2009），在这种制度背景下，管理层的短视行为可能更加严重，其通过操纵盈余等手段来隐藏对公司业绩不利的坏消息而夸大公司财务业绩的动机更为强烈，并以此获取超额薪酬。高管这种为了获取超额薪酬而隐藏公司坏消息的行为与股价崩盘风险的生成机理相吻合（Jin and Myers，2006；Hutton et al.，2009；Kim et al.，2011a，b）。第三，国有企业中的薪酬管制的存在会替代性地形成多元的、不直接体现为货币的报酬体系，在职消费正是其中的一种（陈冬华等，2005），并高于美国公司的相应数额（Gul et al.，2011）。并且，高管薪酬披露不透明，成为"不能说的秘密"，在职消费则更为隐蔽和不透明（Gul et al.，2011）。根据吉恩和梅耶斯（2006）和哈顿等（2009）的研究，信息透明度是影响股价崩盘风险的一个关键变量，因而，从高管超额薪酬和在职消费入手来研究股价崩盘

---

　　① 在本章样本期间，总经理持股比例均值为0.484%，实施股票期权激励的公司仅有126家。

风险可能是一个较好的分析视角。

　　基于此，在我国经济快速增长而金融风险和脆弱性逐渐累积的背景下①，开展该课题的研究，对于认识我国上市公司高管薪酬设计是否合理及其所带来的经济后果，以及如何降低我国资本市场金融风险、促进股市平稳发展都具有重要的理论和现实意义。笔者研究发现：（1）国有企业中，高管正向超额薪酬和正向超额在职消费与股价崩盘风险显著正相关，说明过高的高管薪酬和在职消费都会提高股价崩盘风险；（2）民营企业中，不论正向超额薪酬（在职消费）还是负向超额薪酬（超额在职消费），均与股价崩盘风险无显著关系；（3）国有企业中，管理者的非效率投资越严重，正向超额薪酬、正向超额在职消费与股价崩盘风险的正相关关系越显著；（4）机构投资者比例较高、地区市场化程度较高和采用国际四大会计师事务所的公司，能减弱超额薪酬和超额在职消费对股价崩盘风险的正向影响，从而发挥一定的治理效应；（5）CEO持股的国有企业，正向超额薪酬、正向超额在职消费与股价崩盘风险无显著关系。进一步的研究还发现，超额在职消费对股价崩盘风险的影响超过超额薪酬对股价崩盘风险的影响。

　　本章的后续部分安排如下：4.2节是理论分析与研究假设；4.3节是研究设计；4.4节是实证结果与分析；4.5节是稳健性检验；4.6节是拓展性检验；4.7节是本章小结。

4.2　理论分析与研究假设

4.2.1　超额薪酬与股价崩盘风险

　　经理薪酬一直以来都是学界、政界、媒体和公众关注的焦点，学术文章的增长速度甚至超过了经理薪酬的增长速度（Bebchuk et al.，2002）。学术上，主要有两大理论来解释高管的薪酬激励：最优契约论和管理层权力论。

　　中国国有企业由于所有者缺位，股东与经理间的信息不对称程度非常

---

　　① 2011年11月15日，国际货币基金组织和世界银行公布了中国"金融部门评估规划"成果报告——《中国金融体系稳定评估报告》和《中国金融部门评估报告》。

严重，较难低成本地观察到企业的经营业绩，这意味着政府很难做到在事前与企业经营者签订有效的激励契约，在事后实施有效的监督（陈冬华等，2005），因此国有企业存在严重的代理问题。为解决国有企业的严重代理问题和经营低效，中国政府对国有企业进行了一系列的改革，其中最为重要的是放权让利的改革。放权让利使得国企管理层在生产经营、投资、融资和人事方面取得自主权，高管权力不断增大。卢锐（2007）认为整个国有企业的改革实际上是国家将权力下放使得管理层权利不断增强的过程，这种管理层权力既表现为企业对外寻租的能力更强，也表现为管理层对企业内部经营决策权和监督权的影响能力比以前更大。王克敏和王志超（2007）指出，中国大部分进行改制的国有企业总经理由控股股东单位委派，且基本上两职合一，出现了高管聘用和监督自己的情形，这降低了股东和董事会对高管的监督程度。此外，我国缺乏良好的资本市场、控制权市场和经理人市场，市场约束较低。因此，国有企业的高管权力特征决定了其薪酬契约是高管萃取租金获取私人利益的工具。事实上，国内学者已开始从"管理层权力论"角度来分析和解释国有企业的高管薪酬问题（如卢锐，2007；卢锐等，2008；吕长江和赵宇恒，2008；吴育辉和吴世农，2010；权小锋等，2010；方军雄，2011）。

高管多大程度上利用权力获取超额薪酬，取决于外界的"愤怒"（outrage）成本（Bebchuk and Fried，2003）。若高管提出的薪酬安排过高，利益相关者对此"愤怒"，这种"愤怒"使股东和经理处于尴尬境地，声誉受损，而且会导致股东降低对现任管理者在代理权争夺中的支持。因此，高管为了降低这些"愤怒"成本，经常采取"伪装"（camou-flage）的方式使其萃取租金的过程不透明或合法化（Bebchuk and Fried，2003）。我国上市公司高管薪酬的制定虽然有很多条文加以规定，但针对高管的薪酬组成部分及评价标准依然无法从公开渠道获得，能从现有数据库中获得的只有高管或董事薪酬总额，无法获得高管薪酬的各个组成部分和评价标准，薪酬披露的不透明使得外界"愤怒"的可能性降低，加剧了高管利用权力获得超额薪酬的动机。摩尔斯（Morse et al.，2011）指出董事会有一系列衡量经理业绩的指标，而经理对使用哪种方式度量自己的业绩最清楚，此时经理将利用自己对董事会的影响力，直接或间接地鼓动内部人采用衡量出的业绩好的度量指标。因此，管理层的"伪装"行为和薪酬披露的不透明，导致公司信息透明度降低，根据吉恩和迈耶斯（2006）和哈顿等（2009）的研究，这将提高股价崩盘风险。

　　管理层的薪酬激励主要基于公司的利润业绩或市场表现，例如《上市公司治理准则》的颁布使许多上市公司逐年建立与公司绩效和个人业绩相连的高管薪酬机制（罗玫和陈运森，2010）。辛清泉和谭伟强（2009）研究表明，国有企业的薪酬业绩敏感性逐步增强，相对于会计业绩，市场业绩在薪酬业绩中的作用逐步增加。在此背景下，短视的管理层有可能为获取最大薪酬而操纵盈余。希利（Healy，1985）发现，管理层为了获得最大奖金而操作会计政策以达到期望的业绩。鲍格才和菲利蓬（Bergstresser and Philippon，2006）、伯恩斯和科迪亚（Burns and Kedia，2006）、艾芬迪等（Efendi et al.，2007）也发现高管激励与盈余管理、财务误报、财务舞弊等行为相关。美国安然公司的管理层为了获取高额薪酬而进行的盈余管理、避税和关联交易行为证实了这种负面效应的存在。在我国上市公司中，高管薪酬激励仍以货币薪酬为主、管理层持股和股票期权较少的制度背景下，管理层的短视行为可能更加严重，其通过操纵盈余等手段来获取更高薪酬的动机更为强烈。例如，王克敏和王志超（2007）利用 LIS-REL 模型发现高管报酬与盈余管理正相关。李延喜等（2007）也发现，管理层薪酬水平与调高的操控性应计利润高度正相关。权小锋等（2010）发现管理层权力越大，薪酬与操纵性业绩之间的敏感性越大，表明随着权力增长，管理层会倾向利用盈余操纵获取绩效薪酬。在追求薪酬最大化的过程中，管理层可能隐藏了对公司业绩不利的坏消息，而夸大了公司的财务业绩。同时，科塔里等（Kothari et al.，2009）认为职业生涯的考虑也会促使经理隐藏坏消息和夸大财务业绩。如此，将导致外部投资者高估公司的股价。斯隆（Sloan，1996）的结果表明经理通过会计应计影响了股价。当管理层隐藏坏消息到一定程度，隐藏坏消息的成本非常昂贵，导致其不太可能继续隐瞒坏消息，此时，累积的坏消息一旦瞬间向市场释放，股价就会急剧下滑，导致崩盘风险的上升（Kim et al.，2011a，b）。反之，如果管理层的薪酬较低，则市场的"愤怒"（outrage）成本较低，管理层采取"伪装"方式萃取租金的动机较弱，并且操纵盈余来获取超额薪酬的动机也较弱，因而负向超额薪酬与股价崩盘风险的关系较弱或不显著。基于上述分析，我们提出以下假设：

　　H1a：对于国有企业，正向超额薪酬越大，股价崩盘风险越大；

　　H1b：对于国有企业，负向超额薪酬与股价崩盘风险的正向关系较弱或不存在显著关系。

　　与国有企业相比，民营企业受到政府作用的影响较低，不存在所有者缺位现象，内部人控制问题较轻。民营企业与国有企业所有权结构的不同之处决定了民营企业的管理层具有更低的代理问题。因此民营企业的管理者更多为股东利益服务。一些文献也支持民营企业的公司治理机制更好。比如，王等（Wang et al., 2008）研究发现较之非国有企业，中国的国有企业更可能雇用规模小的会计师事务所，他们认为国有企业与小规模会计师事务所存在合谋，因此，国有企业的治理环境更差。陈等（2013）研究表明外国投资者降低股票回报收益率波动性的程度在政府控制程度较高的企业中较低，并认为政府干预是公司治理薄弱的表现。因此，在民营企业中，管理者获取超额薪酬过程中的代理问题更少，受到的监督和约束作用更强，隐藏的公司坏消息更少，不会导致未来股价崩盘风险的增加，故提出假设：

H1c：对于民营企业，正向超额薪酬和负向超额薪酬与股价崩盘风险都无显著关系。

4.2.2　超额在职消费与股价崩盘风险

国外关于在职消费的研究存在两种主要观点：一种观点认为在职消费是代理成本的一部分（Jensen and Meckling, 1976；Grossman and Hart, 1980；Hart, 2001）。另一种观点则认为，在职消费是最佳薪酬契约的一部分，是一种隐性激励（Fama, 1980；Rajan and Wulf, 2008；Marino and Zabojnik, 2008）。

在中国国有企业中，政府的薪酬管制会诱发高管对超额在职消费的追逐（Gul et al., 2011）。那么，在职消费在中国是一种代理问题，还是一种隐性激励？现有研究结论并不一致。一方面，罗宏和黄文华（2008）、卢锐等（2008）都发现，在职消费与公司业绩负相关，不能起到激励作用。另一方面，陈冬华等（2005）、姜付秀和黄继承（2011）认为并发现在职消费是一种重要的激励方式。阿迪斯亚克等（2011）则提出中国的在职消费扮演两个角色，一是在职消费是薪酬的补充，可以降低经理偷懒；二是一些在职消费比如饭局、娱乐和旅游等，可以与政府官员和合作伙伴建立良好的关系，从而便以开展工作和提高生产力。

由于在职消费产生正向激励作用需要一定条件，即公司的治理水平较高（Marino and Zabojnik, 2008），但中国公司的治理水平总体较低，因而，在职消费在中国更多地表现为一种代理问题（Gul et al., 2011）。笔者认为，现有在职消费的研究的争论，主要是因为没有将在职消费区分为正常的在职消费和超额的在职消费。超额在职消费（excess perk consumption）反映了公司的代理问题（Jensen and Meckling，1976）。埃杰顿（Edgerton，2012）基于私人喷气机这种大额的在职消费，比较了不同类型公司的私人喷气机的使用程度，发现公开上市公司比私募基金控股的公司多使用40%的私人喷气机，导致其业绩更差，并为此推断此类公司存在严重的代理问题。罗等（Luo et al.，2011）来自中国的证据也表明，超额在职消费损害了公司业绩。因此，超额在职消费越高的公司，其存在的代理问题越严重。而代理问题越严重，投资者对公司的评价越差，股价将下跌（Ferreira and Laux，2007；Gompers et al.，2003）。

另外，相对于货币薪酬，在职消费的数量、性质或说明很少披露给外部投资者，导致其更为隐蔽（Chen et al.，2010；Adithipyangkul et al.，2011；Gul et al.，2011）。高管更可能通过这种不易察觉、监管部门忽视监管的方式实现私利，甚至可能通过隐藏更多的坏消息来追逐超额在职消费，实现私利的最大化。古尔（2011）认为在职消费高的公司更可能采用低质量的财务报告（透明度低），阻碍了公司层面的信息反映到股价中，并且减弱了投资者收集公司私有信息进行交易的积极性，导致股价只反映了公有信息，较少反映公司私有信息，因此同步性更高。根据吉恩和梅耶斯（2006）、哈顿等（2009）和金姆等（2011a，b）的研究，当公司缺乏透明度，并且坏消息在公司内部不断累积，坏消息的积累存在一个临界点，一旦累积的坏消息超过了这个临界点，坏消息集中释放，股价急剧下滑，增加了股价崩盘风险。因此，笔者预期公司超额在职消费越高，其带来的股价崩盘风险将越高。反之，如果在职消费较低，在职消费所带来的代理问题和信息不透明问题相对较不严重，因而负向超额在职消费与股价崩盘风险的关系较弱或不显著。故提出假设二：

H2a：对于国有企业，正向超额在职消费越大，股价崩盘风险越大；

H2b：对于国有企业，负向超额在职消费与股价崩盘风险的正向关系较弱或不存在显著关系。

基于假设1分析提到的：民营企业较之国有企业具有更低的代理问题和更好的公司治理，笔者认为民营企业的超额在职消费与股价崩盘风险并无显著关系，即：

H2c：对于民营企业，正向超额在职消费和负向超额在职消费与股价崩盘风险都无显著关系。

4.2.3 非效率投资的影响

管理者在追逐超额薪酬和超额在职消费的过程，会存在非效率投资行为。薪酬方面，管理者通过盲目地扩张等帝国构建的行为获取更高的薪酬。何等（Conyon and He，2011）利用中国数据的研究表明公司规模是高管薪酬的主要决定因素，墨菲（Murphy，1999）的研究发现 CEO 的薪酬与公司规模的相关性在 0.2～0.45 之间。詹森和墨菲（1990b）的研究发现 1970s 和 1980 这段时间高管的薪酬支付并非基于业绩，而是基于行政级别和公司规模等因素。詹森（1993）则提出不恰当的薪酬契约会高管产生"帝国构建"的动机。因此，高管为了获取更高的薪酬存在过度扩张公司规模等过度投资行为。对于在职消费，詹森（1986）认为在职消费是公司存在自由现金流问题的信号，拉詹和伍尔夫（Rajan and Wulf，2006）则提出在职消费是管理松懈、过度投资等浪费公司资源行为的表现。詹森（1993）指出管理者通过过度投资进行帝国构建，并且在过度投资的过程中获得了如交通费、业务招待费等在职消费。

吉恩和迈尔斯（2006）和哈顿等（2009）认为管理者通过帝国建造等方法获取私利时，有动机隐藏公司的坏消息、夸大财务业绩。布勒克和刘（2007）指出若管理者隐藏了净现值为负的投资项目，投资者不能及时发现净现值为负的投资项目，净现值为负的投资项目导致业绩亏损逐步累积，一旦这一行为无法再隐藏时，公司的坏消息全部释放到市场，将引起股价急剧下滑。

综上，笔者认为，公司的非效率投资程度越大，正向超额薪酬、超额在职消费与股价崩盘风险的正相关关系越强，即提出假设三：

H3：国有企业中，非效率投资程度越大，正向超额薪酬、超额在职消费与股价崩盘风险的正相关关系越强。

4.2.4 外部治理的影响

随着我国市场化进程的不断推进、资本市场的不断发展和外部监管的不断加强，外部治理已然成为一种重要制度安排和监督机制。

我们重点考察治理环境、机构投资者和国际四大会计师事务所对国企高管的制约作用。第一，随着市场化改革的推进，国有企业被逐渐推向市

场，不得不真正直面来自外资企业、民营企业以及其他国有企业的竞争
（辛清泉和谭伟强，2009），同时法制环境也不断改善，法律制度不断健
全，这加大了国企高管利用权力萃取租金获取超额薪酬和超额在职消费的
成本，同时资本市场效率不断加强，高管隐藏坏消息的经济后果更为严
重。第二，机构投资者比例的上升增强了其对经理和董事的监督（Beb-
chuk and Fried，2003），哈策尔和斯塔克斯（Hartzell and Starks，2002）
利用 2000 家的公司样本研究表明机构投资者越高，高管薪酬越低，更多
采用业绩型薪酬。因此，相比于个体投资者，机构持股者更具专业性，能
加强对高管的监督，从而对高管自定薪酬产生一定威慑力。金姆等
（2011a）研究也发现，机构投资者能减弱公司避税行为与股价崩盘风险之
间的正向关系，说明机构投资者能有效发挥外部监督作用。第三，外部审
计能降低公司内部管理层与股东之间的信息不对称问题，并能提供可信和
更具的财务报告。当公司的代理问题变得严重时，对高质量审计的要求更
为强烈（Watts 和 Zimmerman，1986）。范和黄（2005）发现，来自国际四
大的审计师能敦促其客户更及时地披露更详细、质量更高的公司层面信
息，提高信息披露质量和信息透明度，从而在新兴市场里发挥公司治理作
用。古尔等（2011）认为，高质量的审计师有助于约束管理层的超额在职
消费，并能对公司进行更有效的监督，促使其披露更多公司层面信息，以
此提高公司透明度。其研究发现，在职消费与股价同步性之间的关系在采
用高质量的会计师事务所的公司较弱。因此，我们预期，国际四大会计师
事务所一来能通过其更及时和高质量的信息披露降低公司负面信息的累
积，二来能凭其更专业的审计质量能、良好的声誉以及更高的独立性，发
现并披露高管超额薪酬和超额在职消费等不当行为，从而降低股价崩盘风
险。据此，我们提出假设四：

H4：对于国有企业，在外部治理较好时，正向超额薪酬（或正向超
额在职消费）与股价崩盘风险的正向关系减弱或不显著。

4.2.5 CEO 持股的影响

高管持股可以有效解决股东与管理者的代理问题（Berle and Means，
1932；Jensen and Meckling，1976）。詹森和迈克林（1976）认为当所有者和
经营者为同一人时，即经理 100% 持股时，公司的代理成本为零。因此，当
CEO 持股时，管理者更多考虑股东利益，隐藏公司坏消息追求私利的程度更

轻。在其他条件相同的情形下，CEO 持股与 CEO 未持股相比，超额薪酬或超额在职消费与股价崩盘风险的正相关关系减弱或不显著，即提出假设五：

H5：国有企业中，CEO 持股与 CEO 未持股相比，超额薪酬或超额在职消费与股价崩盘风险的正相关关系减弱或不显著。

4.3　研　究　设　计

4.3.1　数据来源

由于中国上市公司高管薪酬信息披露从 2001 年开始逐渐规范（方军雄，2009），本章选取沪深两市 2001～2009 年 A 股国有上市公司为初始研究样本，[①] 并进行如下数据处理：（1）剔除金融行业样本；（2）为了估计股价崩盘风险的数值，参照吉恩和梅耶斯（2006），剔除每年不足 30 个周收益率的样本；（3）剔除数据有缺失的样本。根据上述标准，最终得到 4827 个公司年观测值（其中，国有样本量为 3734，民营样本量为 1093）。此外，由于只有部分公司披露在职消费数据，因而有关在职消费检验的样本为 3895 个公司年观测值（其中，国有样本量 2979，民营样本量 916）。具体样本参见表 4-1。在职消费数据来自于手工整理现金流量表中"支付的其他与经营活动有关的现金流量"科目；机构投资者持股比例来源于 WIND 数据库；其他数据来源于 CSMAR 数据库。为了剔除变量异常值的影响，本书对连续变量在 1% 和 99% 水平上进行 Winsorize 处理。

表 4-1　　　　　　　　　　　　　　　样本分布

	A	B	C	D	E	F	G	H	J	K	L	M	Total
Panel A：行业分布[②]													
Pay													
N	95	103	2702	295	91	240	225	415	286	137	42	196	4827

---

① 由于超额薪酬的计算（模型（4-4））需要使用滞后一期的数据，并且崩盘风险与超额薪酬的回归模型（模型（4-9））中，超额薪酬为滞后一期值，故实际样本期间为 2003～2009 年。

② 行业分类采取证监会行业分类标准，其中，A. 农、林、牧、渔业；B. 采掘业；C. 制造业；D. 电力、煤气及水的生产和供应业；E. 建筑业；F. 交通运输、仓储业；G. 信息技术业；H. 批发和零售贸易；J. 房地产业；K. 社会服务业；L. 传播与文化产业；M. 综合类。

	A	B	C	D	E	F	G	H	J	K	L	M	Total
Panel A：行业分布													
%	1.97	2.13	55.98	6.11	1.89	4.97	4.66	8.60	5.93	2.84	0.87	4.06	100
Perk													
N	82	57	2260	226	75	236	192	341	182	84	6	154	3895
%	2.11	1.46	58.02	5.80	1.93	6.06	4.93	8.75	4.67	2.16	0.15	3.95	100

	2003	2004	2005	2006	2007	2008	2009	Total
Panel B：年度分布								
Pay								
N	479	608	661	619	755	829	876	4827
%	9.92	12.60	13.69	12.82	15.64	17.17	18.15	100
Perk								
N	393	465	532	521	599	640	745	3895
%	10.09	11.94	13.66	13.38	15.38	16.43	19.13	100

4.3.2 变量的选择与度量

1. 股价崩盘风险（*Crash Risk*）

我们借鉴陈等（2001）、金姆等（2011a，b）和皮奥特洛斯基等（Piotroski et al.，2011）的方法度量股价崩盘风险，具体过程如下：

第一步，求股票 i 在第 t 周的特定收益率（firm-specific weekly return）为 $W_{i,t}$。具体地，$W_{i,t} = Ln(1 + \varepsilon_{i,t})$，$\varepsilon_{i,t}$ 为模型（4-1）估计的残差项。

$$r_{i,t} = \alpha_i + \beta_{1,i} r_{m,t-2} + \beta_{2,i} r_{m,t-1} + \beta_{3,i} r_{m,t} \\ + \beta_{4,i} r_{m,t+1} + \beta_{5,i} r_{m,t+2} + \varepsilon_{i,t} \tag{4-1}$$

其中，$r_{i,t}$ 为个股 i 第 t 周的收益率，$r_{m,t}$ 为市场第 t 周流通市值加权的平均收益率，在模型（1）中加入市场收益的超前项和滞后项是为了减轻非同步交易可能带来的偏差（Dimson，1979）。

第二步，计算股价崩盘风险 NCSKEW 和 DUVOL。NCSKEW 采用公式（4-2）计算，NCSKEW 数值越大，崩盘风险越高。

$$NCSKEW_{i,t} = -\frac{\left[n(n-1)^{\frac{3}{2}} \sum W_{i,t}^3\right]}{\left[(n-1)(n-2)(\sum W_{i,t}^2)^{\frac{3}{2}}\right]} \tag{4-2}$$

其中 n 为股票 i 每年的交易周数。

$DUVOL$ 的计算过程：首先将公司 i 在某一年度内的所有周数按每周的特定股票回报率 $W_{i,t}$ 是否高于该年所有周特定回报率的均值划分为两类：一是低于该年特定周回报率均值的周数（"down" weeks）；二是高于该年特定周回报率均值的周数（"up" weeks）。其次，分别计算这两类样本周特定回报率的标准差。最后，$DUVOL$ 等于 "down" weeks 的特定周回报率的标准差与 "up" weeks 的特定周回报率的标准差的比值的对数。$DUVOL$ 的数值越大，说明股价崩盘的风险越大。具体表达式如下：

$$DUVOL_{i,t} = \log\left\{\frac{\left[(n_u-1)\sum_{DOWN} W_{i,t}^2\right]}{\left[(n_d-1)\sum_{UP} W_{i,t}^2\right]}\right\} \qquad (4-3)$$

其中，$n_u(n_d)$ 为股票 i 的周特有收益 $W_{i,t}$ 大于（小于）年平均收益 W_i 的周数。

2. 超额薪酬（$EXPAY$）

高管实际薪酬与预期正常薪酬的差额。预期正常薪酬的估计模型借鉴菲斯等（Firth et al.，2006）和科尔等（Core et al.，2008）的方法，采用以下回归模型：

$$\begin{aligned}LNPAY_{i,t} = {} & \alpha_0 + \beta_1 \times SIZE_{i,t-1} + \beta_2 \times MB_{i,t-1} + \beta_3 \times RET_{i,t} + \beta_4 \times \\ & RET_{i,t-1} + \beta_5 \times ROA_{i,t} + \beta_6 \times ROA_{i,t-1} + \\ & \beta_7 \times EAST_{i,t} + \beta_8 \times CENTRAL_{i,t} + \varepsilon_{i,t}\end{aligned} \qquad (4-4)$$

其中，$LNPAY_{i,t}$ 为上市公司年报披露的"薪酬最高的前三位高级管理人员"薪酬总额的平均值的自然对数；$SIZE_{i,t-1}$ 为上一年度公司期末资产的自然对数；$MB_{i,t-1}$ 为上一年公司市账比；$RET_{i,t}$ 为公司当年周回报率平均值；$RET_{i,t-1}$ 为上一年度周回报率平均值；$ROA_{i,t}$ 为当年公司息税前利润除以期末总资产；$ROA_{i,t-1}$ 为上年公司息税前利润除以期末总资产；$EAST_{i,t}$ 为公司处于东部地区的虚拟变量；$CENTRAL_{i,t}$ 为公司处于中部地区的虚拟变量。[①]

我们将回归模型（4）分年度分行业回归，再将得到的估计系数代入模型（4-4），得到的残差即为公司的"超额薪酬"（$EXPAY1$）。进一步的，借鉴吴联生等（2010）的做法，我们将残差分为大于 0 的部分（即正向超额薪酬）和小于 0 的部分（即负向超额薪酬）。

[①] 东部地区指北京、天津、河北、辽宁、上海、江苏、浙江、福建、山东、广东和海南；中部地区指山西、吉林、黑龙江、安徽、江西、河南、湖北和湖南。

3. 超额在职消费 (*EXPERK*)

年报附注中披露的在职消费与预期正常在职消费的差额,我们借鉴罗等 (Luo et al.,2011) 的模型估计预期正常在职消费,模型如下:

$$\frac{PERK_{i,t}}{Asset_{i,t-1}} = \alpha_0 + \beta_1 \times \frac{1}{Asset_{i,t-1}} + \beta_2 \times \frac{\Delta Sales_{i,t}}{Asset_{i,t-1}} + \beta_3 \times \frac{PPE_{i,t}}{Asset_{i,t-1}} +$$

$$\beta_4 \times \frac{Inv_{i,t}}{Asset_{i,t-1}} + \beta_5 \times Employee_{i,t} + \varepsilon_{i,t} \tag{4-5}$$

其中,$PERK_{i,t}$为现金流量表附注中"支付的其他与经营活动有关的现金流量"中与高管在职消费最为相关的办公费、差旅费、业务招待费、通讯费、出国培训费、董事会费、小车费和会议费八项费用之和;$Asset_{i,t-1}$为公司上年期末总资产;$\Delta Sales_{i,t}$为当年营业收入与上年营业收入的差额;$PPE_{i,t}$为当年厂房、财产和设备等固定资产净值;$Inv_{i,t}$为当年存货总额,$Employee_{i,t}$为企业雇佣员工总数的自然对数。

我们对模型 (4-5) 分年度分行业回归,再将得到的估计系数代入模型 (4-5),得到的残差即为"超额在职消费"(*EXPERK*1),并将残差分为大于0的部分 (即正向超额在职消费) 和小于0的部分 (即负向超额在职消费)。

4. 非效率投资

根据里查德森 (Richardson,2006),我们采用模型 (4-6) 的残差 (*OVERINV*) 估计过度投资的程度,该值越大,过度投资程度越严重。

$$INV_{i,t} = \alpha_0 + \beta_1 * TQ_{i,t-1} + \beta_2 * LEV_{i,t-1} + \beta_3 * CASH_{i,t-1} + \beta_4 * AGE_{i,t-1} +$$

$$\beta_5 * SIZE_{i,t-1} + \beta_6 * RET_{i,t-1} + \beta_7 * INV_{i,t-1} +$$

$$INDUSTRY + YEAR \tag{4-6}$$

其中,$INV_{i,t}$表示公司 i 第 t 年新增投资支出,等于第 t 年固定资产在建工程及工程物资,长期投资和无形资产的净值增加额除以年初总资产;$TQ_{i,t-1}$为公司年初的托宾 Q 值,等于权益市场价值 (非流通股以每股净资产计算) 和债务账面价值与年初总资产的比值;$LEV_{i,t-1}$表示第 t 年年初资产负债率;$CASH_{i,t-1}$等于第 t 年货币资金和短期投资净额与年初总资产的比值;$AGE_{i,t-1}$为年初公司上市年限;$SIZE_{i,t-1}$为年初公司总资产的自然对数;$RET_{i,t-1}$表示上一年公司年回报率。

5. 外部治理因素

借鉴古尔等（2011）、金姆等（2011a）、辛清泉和谭伟强（2009）等研究，本章从如下三个方面度量外部治理因素的影响。

（1）市场化程度（Market）：每年根据样本所在地区市场化指数的中位数分为市场化程度高组（High）和低组（Low），市场化指数来源于樊纲等（2010）编制的"市场化指数"；

（2）机构投资者持股比例（INS）：每年根据样本机构投资者持股比例中位数将样本分为机构投资者持股比例高组（High）和低组（Low）；

（3）国际四大会计师事务所审计（Big4）：每年根据上市公司是否由国际四大会计计师事务所审计分为两组，若属于国际四大审计，则 Big4 = 1，否则 Big4 = 0。

6. CEO 持股

根据 CEO 是否持股，将样本划分为 CEO 持股组和 CEO 未持股组。

7. 控制变量

根据相关文献（Chen et al.，2001；Kim et al.，2011a，b），选取如下控制变量。

（1）股票 i 在第 $t-1$ 年的月平均超额换手率 $DTURN_{i,t-1}$，陈等（2001）和金姆等（2011a，b）发现其与崩盘风险正相关。（2）$NCSKEW_{i,t}$ 的滞后项 $NCSKEW_{i,t-1}$，陈等（2001）发现该滞后项与 t 期的崩盘风险正相关。（3）股票 i 在第 $t-1$ 年周公司特有收益的标准差 $SIGMA_{i,t-1}$，公司特有收益的波动性越高，股价在未来越可能发生崩盘。（4）股票 i 在第 $t-1$ 年的周平均公司特有收益 $RET_{i,t-1}$，股票过去的收益率越高，将来发生崩盘的风险越大。（5）股票 i 在第 $t-1$ 年末总资产的自然对数 $SIZE_{i,t-1}$，公司规模越大，崩盘风险越大。（6）股票 i 在第 $t-1$ 年的市账比 $MB_{i,t-1}$，$MB_{i,t-1}$ =（第 $t-1$ 年末的股票价格×流通股数量 + 每股净资产×非流通股数量）/账面权益价值，成长型股票在将来发生崩盘风险的可能性更高。（7）股票 i 在第 $t-1$ 年末的财务杠杆 $LEV_{i,t-1}$，$LEV_{i,t-1}$ = 负债账面价值/公司总资产。（8）公司 i 在第 $t-1$ 年的总资产收益率 $ROA_{i,t-1}$。哈顿等（2009）发现，LEV 和 ROA 均与股价崩盘风险负相关。（9）操控性应计的绝对值 $ABACC$。根据哈顿等（2009）的研究，$ABACC$ 越大，股价崩盘风险越大。此外，我们加入年度哑变量及行业哑变量①，以分别控制年度和行业固定效应。各变量的具体定义和度量见表4-2。

这里，特别说明操控性应计绝对值（*ABACC*）的计算方法。

首先利用修正的琼斯模型（Dechow et al.，1995）分年度分行业回归（见式（4-7）），然后将模型（4-7）估计出来的回归系数代入（4-8）计算出操控性应计 *DISACC*，取其绝对值为 *ABACC*。

$$\frac{TA_{i,t}}{Asset_{i,t-1}} = \alpha_0 \times \frac{1}{Asset_{i,t-1}} + \beta_1 \times \frac{\Delta Sales_{i,t}}{Asset_{i,t-1}} + \beta_2 \times \frac{PPE_{i,t}}{Asset_{i,t-1}} + \varepsilon_{i,t} \qquad (4-7)$$

$$DiscAcc_{i,t} = \frac{TA_{i,t}}{Asset_{i,t-1}} - \left(\hat{\alpha}_0 \frac{1}{Asset_{i,t-1}} + \hat{\beta}_1 \times \frac{\Delta Sales_{i,t} - \Delta Rec_{i,t}}{Asset_{i,t-1}} + \hat{\beta}_2 \times \frac{PPE_{i,t}}{Asset_{i,t-1}} \right)$$

$$(4-8)$$

其中，*TA* 为总应计项目，等于营业利润减去经营活动产生的净流量；*ASSET*$_{i,t-1}$为公司上年期末总资产；$\Delta SALES_{i,t}$为当年营业收入与上年营业收入的差额；$\Delta RECEIVEABLES$ 为应收账款增长额；*PPE* 为固定资产原值。

表4-2 变量定义与度量

变量	变量说明
NCSKEW	股价崩盘风险指标1，具体计算参见公式（4-2），*NCSKEW* 越大，股价崩盘风险越大
DUVOL	股价崩盘风险指标2，具体计算参见公式（4-3），*DUVOL* 越大，股价崩盘风险越大
EXPAY1	高管实际薪酬与预期正常薪酬的差额，具体为模型（4-4）的回归残差
EXPERK1	在职消费与预期正常在职消费的差额，具体为模型（4-5）的回归残差
OVERINV	非效率投资，模型（4-6）的残差
DTURN	月平均超额换手率，为第 t 年股票 i 的月平均换手率与第 $t-1$ 年股票 i 的月平均换手率的差
SIGMA	股票 i 在第 t 年的收益波动，为公司 i 在第 t 年周特有收益的标准差
RET	股票 i 在第 t 年的平均周特有收益率
SIZE	公司总资产自然对数

---

① 本书采用证监会的行业划分标准，并将制造业按照两位代码细分，共21个行业，设置20个行业哑变量。

变量	变量说明
MB	市值账面比，$MB_{i,t}=$（第 t 年末的股票价格×流通股数量＋每股净资产×非流通股数量）/账面权益价值
LEV	资产负债率
ROA	总资产收益率，为第 t 年的净利润与第 $t-1$ 年公司总资产的比值
ABACC	操控性应计的绝对值，见公式（4-7）式（4-8）
MARKET	市场化程度指数，该数据来源于樊纲等（2010）编制的"市场化指数"，2007年以后市场指数的取值我们用2007年的数值替代
INS	机构投资者比例，数据来源于WIND数据库
BIG4	若上市公司由国际四大会计师事务所审计则该值为1，否则为0

4.3.3 实证模型

本书使用如下模型（4-9）和模型（4-10）来检验高管"超额薪酬"和"超额在职消费"是否影响上市公司未来的股价崩盘风险：

$$CrashRisk_{i,t}=\beta_0+\beta_1\times EXPAY_{i,t-1}+\gamma\times Control\ Variables_{t-1}+\varepsilon_{i,t} \quad (4-9)$$

$$CrashRisk_{i,t}=\beta_0+\beta_1\times EXPERK_{i,t-1}+\gamma\times Control\ Variables_{t-1}+\varepsilon_{i,t}$$
$$(4-10)$$

其中，借鉴以往文献的处理方法（Kim et al., 2011a, b），$CrashRisk_{i,t}$ 分别由 t 年的 NCSKEW 和 DUVOL 来度量，EXPAY 和 EXPERK 分别代表 $t-1$ 年高管的超额薪酬和超额在职消费；$Control\ Variables_{i,t-1}$ 为一组控制变量，由 $t-1$ 年的数值来度量，具体定义见表4-2。

同时，考虑到本章使用的是样本期间较短而横截面公司样本数较多的面板数据，本章借鉴彼得森（Petersen, 2009）和汤姆森（Thompson, 2011）的方法，对上述回归模型的标准误差进行了公司和年度的cluster调整。

4.4 实证结果与分析

4.4.1 描述性统计

表4-3为描述性统计结果。Panel A 和 Panel B 分别报告了正向超

额薪酬和负向超额薪酬研究样本的描述性统计结果，Panel C 和 Panel D 分别报告了正向超额在职消费和负向超额在职消费研究样本的描述性统计结果。在每个 Panel 中，分别按照国有样本和民营样本进行报告。其中，国有企业中，正向超额薪酬的研究样本观测值为 1981 个，负向超额薪酬的研究样本观测值为 1753 个；正向超额在职消费的观测值 1101 个，负向超额在职消费的观测值为 1878 个。民营企业中，正向超额薪酬的研究样本观测值为 517 个，负向超额薪酬的研究样本观测值为 576 个；正向超额在职消费的观测值 347 个，负向超额在职消费的观测值为 569 个。

表 4-3 可以看出，国有企业的股价崩盘风险高于民营企业。这说明在国有企业的代理问题更为严重，管理层隐藏公司坏消息的动机更强。皮奥特洛斯基等（Piotroski et al.，2010）发现国有企业由于受政治事件的影响对股价崩盘风险有显著影响，但是民营企业则不存在。从正向超额薪酬（或超额在职消费）与负向超额薪酬（或超额在职消费）的分样本的股价崩盘风险比较来看，似乎负向超额薪酬（或超额在职消费）样本的股价崩盘风险更高，但是没有控制其他变量的影响，有待进一步的回归检验。超额薪酬的均值和中位数与采用类似方法度量超额薪酬的吴联生等（2010）的数值近似。其余变量的描述性统计情况均在合理范围内，具体见表 4-2，不再赘述。

为了进一步比较国有企业和民营企业关键变量的差异显著性，我们进行了关键变量的均值差异检验，结果见表 4-4。民营企业的两个股价崩盘风险的度量指标均小于国有企业的这两个指标，并且 $DUVOL_t$ 达到了 10% 的显著程度。从国有企业和民营企业的薪酬和在职消费数值来看，国有企业高管薪酬低于民营企业，国有企业的在职消费高于民营企业，但是差异并不显著。国有企业的正向超额薪酬显著低于民营企业的。以上说明，较之民营企业，国有企业的高管获取了更低的正向超额薪酬和超额在职消费，但是国有企业的股价崩盘风险却更高。那么，正向超额薪酬与超额在职消费与股价崩盘风险的关系是否因为产权性质不同而存在差异？是一个有趣的问题。

表4-3

描述性统计

Panel A: 国有样本 EXPAY>0, N=1981

	Mean	Median	p25	p75	Std	Mean	Median	p25	p75	Std
	国有样本 EXPAY>0, N=1981					民营样本 EXPAY>0, N=517				
$NCSKEW_t$	-0.090	-0.091	-0.643	0.448	0.858	-0.154	-0.140	-0.764	0.373	0.859
$DUVOL_t$	-0.046	-0.061	-0.548	0.423	0.753	-0.119	-0.102	-0.602	0.352	0.754
$EXPAY_{1,t-1}$	0.478	0.419	0.211	0.691	0.338	0.545	0.457	0.203	0.807	0.415
$DTURN_{t-1}$	0.033	0.026	-0.069	0.178	0.301	0.032	0.028	-0.074	0.171	0.311
$NCSKEW_{t-1}$	-0.128	-0.113	-0.718	0.461	0.923	-0.138	-0.116	-0.721	0.462	0.95
$SIGMA_{t-1}$	0.049	0.045	0.033	0.062	0.020	0.052	0.049	0.036	0.065	0.019
RET_{t-1}	-0.002	-0.002	-0.006	0.002	0.007	-0.001	-0.001	-0.006	0.003	0.007
$SIZE_{t-1}$	21.671	21.564	20.932	22.245	0.980	21.358	21.319	20.785	21.840	0.800
MB_{t-1}	1.772	1.426	1.163	1.932	1.017	2.008	1.478	1.203	2.307	1.280
LEV_{t-1}	0.485	0.503	0.368	0.610	0.170	0.508	0.528	0.407	0.633	0.163
ROA_t	0.058	0.052	0.031	0.080	0.053	0.065	0.058	0.033	0.089	0.062
$ABACC_{t-1}$	0.058	0.040	0.017	0.076	0.060	0.068	0.049	0.022	0.090	0.066
$MARKET_{t-1}$	8.733	8.99	7.200	10.250	1.959	—	—	—	—	—
INS_{t-1}（%）	23.583	15.538	2.928	38.970	23.718	—	—	—	—	—
$BIG4_t$	0.144	0.000	0.000	0.000	0.352	—	—	—	—	—
$CEOSHARE$	0.000	0.000	0.000	0.000	0.002	—	—	—	—	—

Panel B: 国有样本 EXPAY<0, N=1753

	Mean	Median	p25	p75	Std	Mean	Median	p25	p75	Std
	国有样本 EXPAY<0, N=1753					民营样本 EXPAY<0, N=576				
$NCSKEW_t$	-0.043	-0.072	-0.62	0.499	0.848	-0.078	-0.057	-0.623	0.443	0.865
$DUVOL_t$	-0.007	-0.018	-0.522	0.473	0.749	-0.040	-0.041	-0.569	0.457	0.761

Panel B: 国有样本 EXPAY<0, N=1753

	Mean	Median	p25	p75	Std
$EXPAY_{1,t-1}$	-0.527	-0.425	-0.742	0.194	0.422
$DTURN_{t-1}$	0.046	0.029	-0.054	0.196	0.308
$NCSKEW_{t-1}$	-0.088	-0.098	-0.659	0.469	0.896
$SIGMA_{t-1}$	0.048	0.044	0.032	0.061	0.02
RET_{t-1}	-0.002	-0.002	-0.006	0.002	0.007
$SIZE_{t-1}$	21.686	21.573	21.008	22.261	0.956
MB_{t-1}	1.679	1.344	1.112	1.821	0.966
LEV_{t-1}	0.476	0.489	0.344	0.618	0.174
ROA_t	0.053	0.045	0.027	0.076	0.055
$ABACC_{t-1}$	0.054	0.038	0.018	0.068	0.056
$MARKET_{t-1}$	7.739	7.420	6.150	9.350	2.021
INS_{t-1}（%）	20.419	12.291	2.060	32.604	21.671
$BIG4_{t-1}$	0.080	0.000	0.000	0.000	0.272
$CEOSHARE$	0.000	0.000	0.000	0.000	0.008

民营样本 EXPAY<0, N=576

	Mean	Median	p25	p75	Std
$EXPAY_{1,t-1}$	-0.531	-0.456	-0.734	-0.229	0.407
$DTURN_{t-1}$	0.043	0.050	-0.092	0.233	0.339
$NCSKEW_{t-1}$	-0.081	-0.028	-0.627	0.472	0.917
$SIGMA_{t-1}$	0.054	0.052	0.038	0.067	0.019
RET_{t-1}	-0.002	-0.002	-0.006	0.002	0.007
$SIZE_{t-1}$	21.191	21.103	20.679	21.632	0.743
MB_{t-1}	2.023	1.549	1.196	2.408	1.262
LEV_{t-1}	0.489	0.503	0.387	0.606	0.156
ROA_t	0.058	0.055	0.033	0.083	0.053
$ABACC_{t-1}$	0.070	0.049	0.020	0.100	0.068
$MARKET_{t-1}$	—	—	—	—	—
INS_{t-1}（%）	—	—	—	—	—
$BIG4_{t-1}$	—	—	—	—	—
$CEOSHARE$	—	—	—	—	—

Panel C: 国有样本 EXPERK>0, N=1101

	Mean	Median	p25	p75	Std
$NCSKEW_t$	-0.103	-0.108	-0.645	0.415	0.809
$DUVOL_t$	-0.047	-0.051	-0.553	0.420	0.725
$EXPERK_{1,t-1}$	0.005	0.003	0.001	0.006	0.008
$DTURN_{t-1}$	0.013	0.015	-0.103	0.161	0.318

民营样本 EXPERK>0, N=347

	Mean	Median	p25	p75	Std
$NCSKEW_t$	-0.110	-0.140	-0.690	0.410	0.859
$DUVOL_t$	-0.090	-0.111	-0.620	0.391	0.777
$EXPERK_{1,t-1}$	0.010	0.005	0.002	0.010	0.014
$DTURN_{t-1}$	-0.005	0.000	-0.194	0.178	0.327

续表

Panel C:

	国有样本 $EXPERK>0$, $N=1101$					民营样本 $EXPERK>0$, $N=347$				
	Mean	Median	p25	p75	Std	Mean	Median	p25	p75	Std
$NCSKEW_{t-1}$	-0.116	-0.102	-0.629	0.399	0.854	-0.080	-0.064	-0.610	0.514	0.975
$SIGMA_{t-1}$	0.048	0.045	0.033	0.061	0.020	0.053	0.053	0.037	0.066	0.019
RET_{t-1}	-0.002	-0.002	-0.006	0.002	0.007	-0.002	-0.002	-0.007	0.003	0.007
$SIZE_{t-1}$	21.628	21.506	20.969	22.155	0.931	21.201	21.124	20.688	21.706	0.736
MB_{t-1}	1.751	1.361	1.138	1.907	1.036	2.010	1.539	1.235	2.279	1.215
LEV_{t-1}	0.472	0.486	0.344	0.598	0.168	0.477	0.487	0.375	0.590	0.161
ROA_t	0.061	0.052	0.031	0.082	0.055	0.066	0.062	0.034	0.095	0.059
$ABACC_{t-1}$	0.055	0.039	0.018	0.072	0.055	0.060	0.041	0.020	0.082	0.059
$MARKET_{t-1}$	8.296	8.410	6.880	9.770	1.956	—	—	—	—	—
INS_{t-1} (%)	24.300	16.462	2.994	40.070	23.792	—	—	—	—	—
$BIG4_t$	0.098	0.000	0.000	0.000	0.298	—	—	—	—	—
$CEOSHARE$	0.001	0.000	0.000	0.000	0.010	—	—	—	—	—

Panel D:

	国有样本 $EXPERK<0$, $N=1878$					民营样本 $EXPERK<0$, $N=569$				
	Mean	Median	p25	p75	Std	Mean	Median	p25	p75	Std
$NCSKEW_t$	-0.054	-0.067	-0.628	0.489	0.879	-0.134	-0.063	-0.693	0.433	0.865
$DUVOL_t$	-0.024	-0.053	-0.517	0.474	0.771	-0.087	-0.072	-0.580	0.426	0.754
$EXPERK_{1,t-1}$	-0.003	-0.002	-0.004	-0.001	0.004	-0.005	-0.004	-0.007	-0.002	0.005
$DTURN_{t-1}$	0.025	0.017	-0.088	0.182	0.317	0.022	0.039	-0.100	0.198	0.316
$NCSKEW_{t-1}$	-0.095	-0.106	-0.694	0.509	0.920	-0.153	-0.122	-0.717	0.406	0.909
$SIGMA_{t-1}$	0.048	0.044	0.032	0.061	0.020	0.051	0.050	0.037	0.064	0.018

	Panel D: 国有样本 $EXPERK<0$, $N=1878$					民营样本 $EXPERK<0$, $N=569$				
	Mean	Median	p25	p75	Std	Mean	Median	p25	p75	Std
RET_{t-1}	-0.002	-0.002	-0.006	0.002	0.006	-0.001	-0.001	-0.006	0.003	0.007
$SIZE_{t-1}$	21.686	21.543	20.936	22.260	1.030	21.259	21.186	20.665	21.714	0.784
MB_{t-1}	1.701	1.378	1.138	1.845	0.956	1.969	1.480	1.216	2.267	1.246
LEV_{t-1}	0.483	0.497	0.359	0.611	0.172	0.489	0.501	0.376	0.621	0.162
ROA_t	0.054	0.048	0.029	0.077	0.052	0.064	0.058	0.037	0.087	0.053
$ABACC_{t-1}$	0.056	0.039	0.017	0.071	0.060	0.068	0.049	0.021	0.092	0.065
$MARKET_{t-1}$	8.248	8.190	6.400	9.810	2.142	—	—	—	—	—
INS_{t-1}（%）	22.089	14.351	2.571	35.685	22.866	—	—	—	—	—
$BIG4_{t-1}$	0.143	0.000	0.000	0.000	0.350	—	—	—	—	—
$CEOSHARE$	0.000	0.000	0.000	0.000	0.003	—	—	—	—	—

表4-4   单变量均值差异检验

	Mean		p-value of t-test for equal means
	国有企业	民营企业	
$NCSKEW_t$	-0.068	-0.114	0.116
$DUVOL_t$	-0.028	-0.077	0.058 *
PAY (*in RMB* 10000)	25.819	25.907	0.909
$PERK$ (*in RMB* 10000)	1397.67	1392.65	0.988
$EXPAY_{1,t-1}$ (>0)	0.478	0.545	0.000 ***
$EXPERK_{1,t-1}$ (>0)	0.005	0.010	0.000 ***
$EXPAY_{1,t-1}$ (<0)	-0.527	-0.531	0.844
$EXPERK_{1,t-1}$ (<0)	-0.003	-0.005	0.000 ***

4.4.2 超额薪酬、超额在职消费与股价崩盘风险

由表4-5列示的国有样本按照模型（4-9）和模型（4-10）的回归结果可知：（1）在A栏正向样本中，股价崩盘风险的两个指标（$NCSKEW$ 和 $DUVOL$）与超额薪酬、超额在职消费（$EXPAY1_{t-1}$ 和 $EXPERK_{1,t-1}$）均显著正相关，$EXPAY1_{t-1}$ 回归系数分别为 0.115 和 0.078，$EXPERK_{1,t-1}$ 回归系数分别为 5.159 和 5.574，且有两个系数在1%水平显著，一个在5%水平显著，一个在10%水平显著。（2）在B栏负向样本中，不论因变量是 $NCSKEW$ 或 $DUVOL$，$EXPAY1_{t-1}$ 和 $EXPERK_{1,t-1}$ 的系数均不显著，说明负向超额薪酬不显著影响股价崩盘风险。可见，表4-5的结论支持了H1a、H1b、H2a和H2b：国有企业中，股价崩盘风险与正向超额薪酬显著正相关，与负向超额薪酬无显著关系；股价崩盘风险与正向超额在职消费显著正相关，与负向超额在职消费无显著关系。这说明在我国国有企业高管利用权力谋取的超额薪酬实现自身利益的最大化的行为会造成未来股价的大幅下跌，严重侵害了投资者的利益。国有企业中货币薪酬是高管获取私利的一种方式，但通过超额货币薪酬获利的方式可能更为有限，因为在我国国有企业存在薪酬管制（陈冬华等，2005），因此获取超额在职消费可能是国企高管更为普遍的方式。我们的实证结果表明高管获取超额在职消费是一种严重的代理问题，增加了未来股价崩盘风险。

表4-6则列示了民营企业样本按照模型（4-9）和模型（4-10）的回归结果。可以发现，在民营企业中，不管是正向超额薪酬（或超额在职消费），还是负向超额薪酬（或超额在职消费），均与股价崩盘风险无

表4-5　超额薪酬、超额在职消费与股价崩盘风险：国有样本

	A栏：正向样本				B栏：负向样本			
	(1) $NCSKEW_t$	(2) $DUVOL_t$	(3) $NCSKEW_t$	(4) $DUVOL_t$	(5) $NCSKEW_t$	(6) $DUVOL_t$	(7) $NCSKEW_t$	(8) $DUVOL_t$
$EXPAYI_{t-1}$	0.115** (2.20)	0.078* (1.83)			-0.014 (-0.29)	0.005 (0.10)		
$EXPERK_{t-1}$			5.159*** (2.94)	5.574*** (4.30)			-6.413 (-1.18)	-5.170 (-1.49)
$DTURN_{t-1}$	0.102 (0.73)	0.088 (0.68)	-0.083 (-0.42)	-0.075 (-0.39)	0.008 (0.07)	0.052 (0.47)	-0.170* (-1.70)	0.021 (0.23)
$NCSKEW_{t-1}$	-0.001 (-0.03)	-0.008 (-0.34)	0.016 (0.41)	-0.008 (-0.23)	-0.025 (-0.78)	-0.011 (-0.37)	-0.032 (-1.01)	-0.023 (-0.87)
$SIGMA_{t-1}$	0.635 (0.37)	-0.099 (-0.08)	4.437** (2.24)	3.760* (1.95)	-1.478** (-2.38)	-0.960 (-1.29)	-0.175 (-0.13)	-1.419** (-2.13)
RET_{t-1}	2.062 (0.34)	3.643 (0.67)	3.613 (0.67)	3.950 (0.98)	3.647 (0.79)	3.005 (0.77)	9.067 (1.50)	2.285 (0.37)
$SIZE_{t-1}$	0.054 (1.59)	0.039 (1.20)	0.152*** (2.65)	0.120** (2.35)	0.049 (1.23)	0.037 (0.86)	0.098*** (2.58)	0.020 (0.49)
MB_{t-1}	0.158*** (3.23)	0.137** (2.49)	0.214*** (6.09)	0.177*** (3.64)	0.114** (2.35)	0.118** (2.53)	0.125*** (2.89)	0.102*** (2.76)
LEV_{t-1}	-0.388*** (-2.82)	-0.375*** (-3.67)	-0.540*** (-2.20)	-0.448** (-2.05)	-0.347** (-2.22)	-0.327*** (-2.88)	-0.502*** (-2.84)	-0.362** (-1.99)

续表

	A栏：正向样本				B栏：负向样本			
	(1) $NCSKEW_t$	(2) $DUVOL_t$	(3) $NCSKEW_t$	(4) $DUVOL_t$	(5) $NCSKEW_t$	(6) $DUVOL_t$	(7) $NCSKEW_t$	(8) $DUVOL_t$
ROA_t	-3.050*** (-3.47)	-3.201*** (-3.44)	-2.182*** (-3.15)	-2.531*** (-3.06)	-2.793*** (-4.11)	-2.954*** (-4.34)	-2.139*** (-2.92)	-2.904*** (-4.05)
$ABACC_{t-1}$	-0.302 (-0.97)	-0.523* (-1.87)	-0.067 (-0.10)	-0.168 (-0.29)	-0.289 (-0.83)	-0.074 (-0.19)	0.237 (0.41)	0.410** (2.31)
Industry	YES	YES	YES	YES	YES	YES	YES	YES
Year	YES	YES	YES	YES	YES	YES	YES	YES
CONSTANT	-1.370* (-1.68)	-0.704 (-0.88)	-4.279*** (-3.80)	-3.450*** (-3.60)	-0.510 (-0.57)	-0.197 (-0.20)	-2.168*** (-2.71)	-0.074 (-0.09)
N	1981	1981	1101	1101	1753	1753	1878	1878
R^2	0.161	0.191	0.089	0.095	0.168	0.187	0.067	0.195

注：括号内的数值为 T 值，标准误差经过了公司和年度的 Cluster 调整；*，**，*** 分别表示10%、5%和1%水平显著。

表4-6　　超额薪酬、超额在职消费与股价崩盘风险：民营样本

	A栏：正向样本				B栏：负向样本			
	(1) $NCSKEW_t$	(2) $DUVOL_t$	(3) $NCSKEW_t$	(4) $DUVOL_t$	(5) $NCSKEW_t$	(6) $DUVOL_t$	(7) $NCSKEW_t$	(8) $DUVOL_t$
$EXPAYI_{t-1}$	-0.107 (-0.89)	-0.050 (-0.60)			-0.110 (-1.19)	-0.084 (-0.88)		
$EXPERK_{i,t-1}$			0.056 (0.01)	1.972 (0.58)			-11.182 (-1.56)	-10.238 (-1.35)
$DTURN_{t-1}$	0.072 (1.18)	0.094** (2.45)	0.080 (0.23)	0.119 (0.65)	-0.264*** (-3.09)	-0.212** (-2.20)	-0.057 (-0.45)	0.002 (0.02)
$NCSKEW_{t-1}$	-0.067** (-2.12)	-0.055*** (-4.38)	-0.062 (-1.12)	-0.045 (-1.00)	0.018 (0.46)	0.032 (0.84)	-0.041*** (-3.11)	-0.029 (-0.69)
$SIGMA_{t-1}$	-1.733 (-0.83)	-1.578 (-0.80)	0.426 (0.10)	-2.306 (-0.73)	0.736 (0.15)	0.267 (0.06)	-4.220 (-0.89)	-5.529** (-2.05)
RET_{t-1}	8.779** (2.16)	11.84*** (4.72)	6.517 (0.97)	7.083 (0.88)	1.027 (0.35)	2.774 (0.94)	3.107 (0.60)	8.054 (1.62)
$SIZE_{t-1}$	0.055 (1.13)	0.012 (0.23)	-0.137*** (-3.02)	-0.136** (-2.54)	0.019 (0.86)	0.042 (1.50)	0.105** (2.38)	0.084** (2.36)
MB_{t-1}	0.147*** (3.89)	0.126*** (3.79)	0.099*** (5.25)	0.103** (2.07)	0.136*** (4.24)	0.119*** (4.14)	0.125*** (4.00)	0.120*** (4.49)
LEV_{t-1}	-0.254 (-0.74)	-0.136 (-0.39)	0.149 (0.44)	0.262 (0.76)	-0.094 (-0.39)	-0.076 (-0.51)	-0.277 (-1.08)	-0.241 (-1.20)

续表

	A栏：正向样本				B栏：负向样本			
	(1)	(2)	(3)	(4)	(5)	(6)	(7)	(8)
	$NCSKEW_t$	$DUVOL_t$	$NCSKEW_t$	$DUVOL_t$	$NCSKEW_t$	$DUVOL_t$	$NCSKEW_t$	$DUVOL_t$
ROA_t	-2.531**	-2.867***	-2.140	-2.454***	-2.960**	-2.999**	-2.972**	-3.292***
	(-2.21)	(-3.40)	(-1.45)	(-3.63)	(-2.08)	(-2.25)	(-2.24)	(-5.30)
$ABACC_{t-1}$	-0.216	0.076	0.896	1.034**	0.152	0.129	-0.389	-0.206
	(-0.39)	(0.18)	(1.51)	(2.33)	(0.56)	(0.58)	(-0.88)	(-0.70)
Industry	YES	YES	YES	YES	YES	YES	YES	YES
Year	YES	YES	YES	YES	YES	YES	YES	YES
CONSTANT	0.042	0.828	3.398***	3.429***	-0.606	-0.959	-1.208	-0.784
	(0.04)	(0.81)	(3.87)	(3.22)	(-1.03)	(-1.42)	(-0.91)	(-1.06)
N	517	517	347	347	576	576	569	569
R^2	0.216	0.257	0.277	0.332	0.295	0.318	0.214	0.253

注：括号内的数值为 T 值，标准误差经过了公司和年度的 Cluster 调整；*、**、*** 分别表示 10%、5% 和 1% 水平显著。

显著关系，假设 H1c 和 H2c 得到验证，说明民营企业管理层存在更低的代理问题和更好的公司治理机制，从而超额薪酬、超额在职消费与股价崩盘风险无显著关系。

表 4 - 5 和表 4 - 6 的控制变量上，MB_{t-1} 的系数显著 1% 为正，说明成长性股票在未来更可能发生股价崩盘风险；ROA_t 的系数在 1% 或 5% 程度上显著为负，说明公司业绩越好，股价崩盘风险越低，与陈等（2001）、哈顿等（2009）和金姆等（2011a，b）的研究发现一致。

4.4.3 非效率投资的影响

为了检验非效率投资对超额薪酬、超额在职消费与股价崩盘风险的影响，在国有企业样本中，我们每年按非效率投资的中位数划分为高低两组，然后分别在非效率投资高组和低组按照模型（4 - 8）和模型（4 - 9）进行多元回归，实证结果见表 4 - 7。在非效率投资高组，正向超额薪酬和超额在职消费与股价崩盘风险显著正相关，但是在非效率投资低组，正向超额薪酬和正向超额在职消费与股价崩盘风险的关系则不显著。说明管理层的非效率投资这一代理问题会进一步加重超额薪酬和超额在职消费对股价崩盘风险的影响。假设 H3 得到验证。

4.4.4 外部治理的影响

表 4 - 8、表 4 - 9 和表 4 - 10 分别报告了市场化程度、机构投资者和国际四大会计事务所三种外部治理的回归结果。对于市场化程度，表 4 - 9 显示在市场化程度低时，正向的超额薪酬和超额在职消费能显著增加未来股价崩盘风险，但是在市场化程度高时，正向的超额薪酬和超额在职消费对未来股价崩盘风险没有显著影响，表明市场化程度的推进可以有效地发挥公司治理作用，这为我国市场化进程的正面效果提供了进一步的经验证据。对于机构投资者，表 4 - 10 显示，在机构持股比例低组，正向的超额薪酬和超额在职消费与股价崩盘风险显著正相关，在机构持股比例高组，正向的超额薪酬和超额在职消费与股价崩盘风险没有显著关系，说明机构持股比例的增加可以起到外部治理的作用，因此提高外部机构投资者比例，可以有效遏制高管获取超额薪酬和超额在职消费过程中的代理问题，从而降低股价崩盘风险。对于国际四大会计师事务所，表 4 - 11 结果可以

表4-7　　　　非效率投资的影响

	$NCSKEW_t$		$DUVOL_t$		$NCSKEW_t$		$DUVOL_t$	
	(1) 高	(2) 低	(3) 高	(4) 低	(5) 高	(6) 低	(7) 高	(8) 低
$EXPAY1_{t-1}$	0.163*** (3.02)	0.051 (0.77)	0.128** (2.33)	0.009 (0.17)				
$EXPERK_{1,t-1}$					6.120* (1.83)	1.991 (0.45)	6.044** (2.15)	3.789 (1.57)
$DTURN_{t-1}$	0.112 (0.80)	0.095 (0.59)	0.108 (0.88)	0.051 (0.31)	-0.175 (-0.93)	-0.005 (-0.02)	-0.105 (-0.61)	-0.068 (-0.23)
$NCSKEW_{t-1}$	-0.010 (-0.32)	0.008 (0.13)	-0.037 (-1.36)	0.016 (0.37)	0.053* (1.67)	-0.010 (-0.12)	0.022 (0.74)	-0.027 (-0.36)
$SIGMA_{t-1}$	-0.955 (-0.31)	2.467 (1.40)	-1.529 (-0.61)	1.443 (0.95)	1.672 (0.74)	7.555*** (3.00)	0.636 (0.30)	7.251*** (4.06)
RET_{t-1}	3.388 (0.67)	-0.420 (-0.05)	3.258 (0.60)	2.953 (0.40)	10.879 (1.11)	-1.502 (-0.25)	9.855 (1.37)	0.319 (0.06)
$SIZE_{t-1}$	0.033 (0.76)	0.067* (1.94)	0.019 (0.46)	0.052* (1.71)	0.134* (1.80)	0.173** (2.28)	0.091 (1.54)	0.149** (2.11)
MB_{t-1}	0.200*** (4.91)	0.129** (2.23)	0.171*** (3.32)	0.115** (1.99)	0.230*** (5.33)	0.202*** (5.12)	0.198*** (3.22)	0.157*** (3.24)
LEV_{t-1}	-0.246 (-1.09)	-0.558*** (-2.81)	-0.161 (-0.78)	-0.586*** (-3.81)	-0.221 (-0.74)	-0.857** (-2.25)	-0.051 (-0.16)	-0.783** (-2.51)

续表

	NCSKEW$_t$		DUVOL$_t$		NCSKEW$_t$		DUVOL$_t$	
	(1) 高	(2) 低	(3) 高	(4) 低	(5) 高	(6) 低	(7) 高	(8) 低
ROA$_t$	-4.157*** (-3.66)	-2.334*** (-2.74)	-4.297*** (-3.69)	-2.477*** (-2.89)	-3.057*** (-3.53)	-1.674** (-2.35)	-3.472*** (-3.28)	-1.950** (-2.37)
ABACC$_{t-1}$	0.098 (0.38)	0.272* (1.95)	0.073 (0.37)	0.274 (1.43)	0.395 (0.85)	0.397 (0.72)	0.457 (0.98)	0.536 (1.09)
Industry	YES	YES	YES	YES	YES	YES	YES	YES
Year	YES	YES	YES	YES	YES	YES	YES	YES
CONSTANT	-1.932 (-1.18)	-1.760** (-2.19)	-1.340 (-0.92)	-1.055 (-1.45)	-3.644* (-2.26)	-4.978** (-3.28)	-2.621** (-2.07)	-4.321*** (-2.94)
N	991	990	991	990	568	533	568	533
R^2	0.194	0.162	0.221	0.196	0.118	0.118	0.129	0.134

注：括号内的数值为 T 值，标准误差经过了公司和年度的 Cluster 调整；*、**、*** 分别表示 10%、5% 和 1% 水平显著。

表 4 - 8　　外部治理：市场化程度

	$NCSKEW_t$		$DUVOL_t$		$NCSKEW_t$		$DUVOL_t$	
	(1) 高	(2) 低	(3) 高	(4) 低	(5) 高	(6) 低	(7) 高	(8) 低
$EXPAY1_{t-1}$	0.091 (1.45)	0.146* (1.71)	0.023 (0.48)	0.143** (2.02)				
$EXPERK1_{t,t-1}$					2.526 (0.82)	8.244** (2.01)	2.449 (0.74)	6.533*** (2.99)
$DTURN_{t-1}$	0.156 (0.76)	0.046 (0.29)	0.199 (0.98)	-0.022 (-0.14)	0.059 (0.37)	-0.135 (-0.87)	0.063 (0.47)	-0.107 (-0.74)
$NCSKEW_{t-1}$	-0.006 (-0.29)	-0.002 (-0.04)	-0.015 (-0.72)	-0.001 (-0.02)	-0.020 (-0.36)	0.020 (0.34)	-0.029 (-0.84)	-0.016 (-0.25)
$SIGMA_{t-1}$	0.060 (0.02)	1.793 (0.79)	-0.837 (-0.38)	0.811 (0.39)	3.359 (1.15)	2.785 (1.02)	2.243 (1.42)	2.499 (0.95)
RET_{t-1}	1.562 (0.23)	2.147 (0.29)	2.179 (0.37)	5.768 (1.01)	-4.364 (-0.75)	0.786 (0.11)	-6.272 (-1.51)	0.346 (0.04)
$SIZE_{t-1}$	0.059 (1.54)	0.046 (1.51)	0.043 (1.21)	0.030 (0.99)	0.116** (2.09)	0.068* (1.69)	0.117** (1.99)	0.055 (1.00)
MB_{t-1}	0.161*** (2.77)	0.147*** (2.79)	0.147** (2.41)	0.120** (2.20)	0.183*** (4.59)	0.172*** (3.80)	0.154*** (2.99)	0.162*** (3.21)
LEV_{t-1}	-0.366** (-2.04)	-0.441*** (-9.86)	-0.404** (-2.34)	-0.365*** (-7.36)	-0.441** (-1.99)	-0.456** (-2.03)	-0.438** (-2.09)	-0.422*** (-2.61)

75

续表

	NCSKEW$_t$		DUVOL$_t$		NCSKEW$_t$		DUVOL$_t$	
	(1)	(2)	(3)	(4)	(5)	(6)	(7)	(8)
	高	低	高	低	高	低	高	低
ROA_t	-2.680***	-3.604***	-3.059***	-3.485***	-3.371***	-2.500***	-3.262**	-2.626***
	(-2.85)	(-3.41)	(-3.05)	(-3.21)	(-4.50)	(-3.89)	(-2.06)	(-2.63)
$ABACC_{t-1}$	0.260	0.267	0.335	0.044	0.376	0.323	0.367	0.395
	(0.97)	(0.52)	(1.48)	(0.10)	(0.92)	(0.84)	(1.15)	(1.15)
$Industry$	YES	YES	YES	YES	YES	YES	YES	YES
$Year$	YES	YES	YES	YES	YES	YES	YES	YES
$CONSTANT$	-1.425	0.120	-0.886	0.080	-2.945***	-2.258**	-2.089*	-1.967
	(-1.48)	(0.18)	(-1.00)	(0.13)	(-2.64)	(-2.40)	(-1.67)	(-1.53)
N	1143	838	1143	838	481	620	481	620
R^2	0.164	0.192	0.199	0.208	0.189	0.192	0.217	0.202

注：括号内的数值为 T 值，标准误差经过了公司和年度的 Cluster 调整；*、**、*** 分别表示 10%、5% 和 1% 水平显著。

表 4 - 9　　外部治理：机构持股

	NCSKEW$_t$		DUVOL$_t$		NCSKEW$_t$		DUVOL$_t$	
	(1) 高	(2) 低	(3) 高	(4) 低	(5) 高	(6) 低	(7) 高	(8) 低
$EXPAYI_{t-1}$	0.004 (0.05)	0.243*** (2.63)	-0.012 (-0.15)	0.172* (1.91)				
$EXPERK_{1,t-1}$					1.143 (0.40)	9.961* (1.77)	-0.267 (-0.18)	7.203** (2.24)
$DTURN_{t-1}$	0.106 (0.69)	0.055 (0.36)	0.092 (0.63)	0.052 (0.40)	0.044 (0.28)	-0.286 (-1.44)	0.075 (0.37)	-0.223* (-1.86)
$NCSKEW_{t-1}$	0.030 (0.90)	-0.041 (-0.99)	-0.005 (-0.17)	-0.024 (-0.84)	-0.002 (-0.04)	0.028 (0.40)	-0.038 (-1.46)	-0.012 (-0.19)
$SIGMA_{t-1}$	2.071 (1.06)	-2.003 (-0.73)	2.075* (1.77)	-3.384 (-1.46)	2.756 (1.06)	6.439* (1.83)	0.540 (0.27)	6.090*** (3.43)
RET_{t-1}	7.685 (1.10)	0.951 (0.11)	5.954 (0.88)	4.393 (0.63)	2.433 (0.38)	2.789 (0.33)	-5.718 (-1.14)	-4.090 (-0.35)
$SIZE_{t-1}$	0.059 (1.05)	0.068** (2.26)	0.047 (0.88)	0.060*** (2.93)	0.142*** (3.55)	0.103* (1.82)	0.066 (0.90)	0.037 (1.13)
MB_{t-1}	0.162*** (3.47)	0.149* (1.76)	0.139*** (2.91)	0.140* (1.79)	0.229*** (5.93)	0.118* (1.93)	0.184*** (3.44)	0.075* (1.84)
LEV_{t-1}	-0.513*** (-2.79)	-0.305** (-2.06)	-0.500*** (-2.76)	-0.303** (-2.35)	-0.375* (-1.70)	-0.549** (-2.34)	-0.410* (-1.93)	-0.237*** (-3.54)

续表

	NCSKEW$_t$		DUVOL$_t$		NCSKEW$_t$		DUVOL$_t$	
	(1)	(2)	(3)	(4)	(5)	(6)	(7)	(8)
	高	低	高	低	高	低	高	低
ROA$_t$	-3.386***	-2.584***	-3.588***	-2.571***	-2.281***	-2.592***	-3.484**	-2.099***
	(-3.30)	(-3.30)	(-3.42)	(-3.58)	(-2.95)	(-3.47)	(-2.30)	(-3.94)
ABACC$_{t-1}$	0.516**	-0.174	0.351	-0.031	0.415	0.330	0.500	0.322
	(2.27)	(-0.64)	(1.45)	(-0.14)	(1.19)	(0.71)	(1.29)	(0.95)
Industry	YES	YES	YES	YES	YES	YES	YES	YES
Year	YES	YES	YES	YES	YES	YES	YES	YES
CONSTANT	-1.572	-1.758***	-0.985	-1.296***	-4.410***	-2.777*	-2.163	-1.089
	(-1.14)	(-3.41)	(-0.76)	(-3.67)	(-4.90)	(-2.05)	(-1.29)	(-1.18)
N	1029	952	1029	952	641	460	641	460
R^2	0.186	0.187	0.190	0.235	0.100	0.106	0.198	0.239

注：括号内的数值为 T 值，标准误差经过了公司和年度的 Cluster 调整；*、**、*** 分别表示 10%、5% 和 1% 水平显著。

表 4 - 10　　　　　　外部治理：国际四大会计师事务所

| | NCSKEW_t | | DUVOL_t | | NCSKEW_t | | DUVOL_t | |
	(1)	(2)	(3)	(4)	(5)	(6)	(7)	(8)
	$Big4=1$	$Big4=0$	$Big4=1$	$Big4=0$	$Big4=1$	$Big4=0$	$Big4=1$	$Big4=0$
$EXPAY1_{t-1}$	0.083 (0.51)	0.109** (2.36)	0.026 (0.14)	0.067* (1.84)				
$EXPERK_{1,t-1}$					-8.673*** (-5.77)	4.279** (2.28)	-9.610** (-2.19)	6.038*** (4.19)
$DTURN_{t-1}$	0.547*** (3.34)	0.055 (0.37)	0.398** (2.47)	0.057 (0.42)	0.071 (0.22)	-0.096 (-0.54)	0.180 (0.94)	-0.098 (-0.57)
$NCSKEW_{t-1}$	-0.045 (-0.93)	0.005 (0.18)	-0.051 (-0.94)	-0.004 (-0.18)	-0.171 (-0.81)	0.020 (0.47)	-0.155 (-0.96)	-0.004 (-0.11)
$SIGMA_{t-1}$	-8.901*** (-3.08)	1.979 (0.97)	-8.670*** (-3.13)	0.936 (0.67)	12.232* (1.76)	4.328** (2.02)	8.397 (0.92)	3.975** (2.18)
RET_{t-1}	-0.835 (-0.06)	2.301 (0.37)	-1.572 (-0.14)	4.121 (0.78)	3.809 (0.14)	3.752 (0.61)	5.818 (0.24)	4.097 (0.86)
$SIZE_{t-1}$	0.032 (0.49)	0.049 (1.06)	0.007 (0.17)	0.040 (0.85)	0.172* (1.73)	0.161*** (2.94)	0.116 (1.26)	0.146*** (3.00)
MB_{t-1}	0.242** (2.34)	0.143*** (3.16)	0.228** (2.23)	0.124** (2.36)	0.357 (1.33)	0.215*** (6.02)	0.312 (1.07)	0.173*** (3.85)
LEV_{t-1}	-0.404 (-1.12)	-0.411** (-2.11)	-0.482** (-2.03)	-0.405*** (-2.80)	0.197 (0.39)	-0.614*** (-2.76)	0.123 (0.23)	-0.539*** (-2.69)

续表

	NCSKEW$_t$		DUVOL$_t$		NCSKEW$_t$		DUVOL$_t$	
	(1)	(2)	(3)	(4)	(5)	(6)	(7)	(8)
	Big4 = 1	Big4 = 0	Big4 = 1	Big4 = 0	Big4 = 1	Big4 = 0	Big4 = 1	Big4 = 0
ROA$_t$	-4.676**	-2.816***	-4.644***	-3.019***	-1.895**	-2.232***	-1.190	-2.727***
	(-2.49)	(-3.49)	(-2.63)	(-3.51)	(-2.27)	(-2.87)	(-1.07)	(-3.11)
ABACC$_{t-1}$	-0.498	0.314	-0.286	0.249	1.315	0.265	1.896*	0.374
	(-0.70)	(1.36)	(-0.38)	(1.36)	(1.04)	(0.92)	(1.68)	(1.26)
Industry	YES	YES	YES	YES	YES	YES	YES	YES
Year	YES	YES	YES	YES	YES	YES	YES	YES
CONSTANT	-0.0509	-1.358	0.254	-0.797	-5.176*	-4.440***	-3.726	-3.628***
	(-0.03)	(-1.31)	(0.24)	(-0.75)	(-1.89)	(-4.49)	(-1.40)	(-4.11)
N	286	1695	286	1695	109	992	109	992
R^2	0.255	0.161	0.250	0.194	0.445	0.093	0.429	0.103

注：括号内的数值为 T 值，标准误差经过了公司和年度的 Cluster 调整；*、**、*** 分别表示 10%、5% 和 1% 水平显著。

表4-11　　CEO持股的影响

	NCSKEW_t		DUVOL_t		NCSKEW_t		DUVOL_t	
	(1) 持股	(2) 不持股	(3) 持股	(4) 不持股	(5) 持股	(6) 不持股	(7) 持股	(8) 不持股
$EXPAY1_{t-1}$	0.070 (1.31)	0.128* (1.78)	0.014 (0.29)	0.103* (1.85)				
$EXPERK1_{t-1}$					7.827 (1.24)	5.192*** (6.29)	10.383 (1.41)	5.381*** (35.33)
$DTURN_{t-1}$	0.281 (1.42)	-0.014 (-0.11)	0.223 (1.14)	0.012 (0.11)	0.163 (0.47)	-0.164 (-1.12)	0.102 (0.33)	-0.115 (-0.77)
$NCSKEW_{t-1}$	0.014 (0.26)	-0.015 (-0.40)	0.002 (0.04)	-0.020 (-0.72)	0.004 (0.05)	-0.003 (-0.06)	-0.046 (-0.91)	-0.014 (-0.29)
$SIGMA_{t-1}$	-2.123 (-0.72)	2.505* (1.89)	-3.509* (-1.87)	1.633 (1.49)	6.610 (1.34)	4.302* (1.79)	5.193 (1.28)	3.718 (1.45)
RET_{t-1}	2.952 (0.41)	0.284 (0.04)	3.674 (0.60)	2.805 (0.50)	-2.512 (-0.23)	5.130 (0.88)	-7.959 (-0.88)	7.833 (1.47)
$SIZE_{t-1}$	0.037 (0.69)	0.059** (2.14)	0.011 (0.21)	0.049 (1.59)	0.151 (1.55)	0.167*** (3.63)	0.110 (1.18)	0.139*** (3.71)
MB_{t-1}	0.187** (1.98)	0.139*** (4.11)	0.145 (1.62)	0.127*** (3.17)	0.168*** (3.62)	0.237*** (5.61)	0.136*** (2.59)	0.203*** (3.88)
LEV_{t-1}	-0.324** (-2.11)	-0.462*** (-3.18)	-0.280*** (-4.77)	-0.467*** (-3.37)	-0.657 (-1.49)	-0.463*** (-2.67)	-0.490 (-1.12)	-0.425*** (-3.37)

续表

	NCSKEW$_t$		DUVOL$_t$		NCSKEW$_t$		DUVOL$_t$	
	(1) 持股	(2) 不持股	(3) 持股	(4) 不持股	(5) 持股	(6) 不持股	(7) 持股	(8) 不持股
ROA$_t$	-3.465*** (-3.00)	-2.848*** (-3.49)	-3.323*** (-2.98)	-3.188*** (-3.51)	-2.010** (-2.53)	-2.472** (-2.25)	-2.732*** (-3.60)	-2.677** (-2.48)
ABACC$_{t-1}$	0.249 (0.86)	0.194 (0.86)	0.218 (0.87)	0.204 (0.99)	0.599 (0.93)	0.266 (0.83)	0.675 (1.10)	0.373 (1.23)
Industry	YES	YES	YES	YES	YES	YES	YES	YES
Year	YES	YES	YES	YES	YES	YES	YES	YES
CONSTANT	0.075 (0.06)	-1.980*** (-3.39)	0.280 (0.25)	-1.483** (-2.13)	-4.537** (-2.12)	-4.893*** (-5.15)	-3.456* (-1.69)	-3.925*** (-4.96)
N	790	1191	790	1191	383	718	383	718
R^2	0.152	0.183	0.171	0.212	0.142	0.112	0.156	0.121

看出，非国际四大会计师事务所审计的企业，高管的正向超额薪酬和超额在职消费增加了未来股价崩盘风险，但是若受国际四大会计事务所的审计，高管的正向超额薪酬与股价崩盘风险无关，高管的正向在职消费甚至与股价崩盘风险负相关，由此说明国际四大会计事务所在我国可以保证财务报告质量，降低高管获取超额薪酬和超额在职消费中的代理问题，起到外部治理的作用。综上，本章的假设 H4 得到验证。

4.4.5　CEO 持股的影响

为了检验 CEO 持股对超额薪酬与超额在职消费与股价崩盘风险的影响，我们将样本划分为 CEO 持股组合 CEO 未持股组，分别进行多元回归，实证结果见表 4－11。可以发现，CEO 持股组，超额薪酬、超额在职消费与股价崩盘风险无显著关系，但是 CEO 不持股组，超额薪酬、超额在职消费与股价崩盘风险显著正相关。说明在中国的国有企业中，管理层持股可以有效降低代理问题，进而降低股价崩盘风险。假设 H5 得到支持。

4.5　稳健性检验

为了使本章的结论更为稳健，我们进行了如下的稳健性测试：

（1）用公司每年的实际高管薪酬与同年同行业高管薪酬中位数相减来度量"超额薪酬"（$EXPAY2$），大于 0 作为正向超额薪酬，小于 0 作为负向超额薪酬。用公司每年披露的在职消费除以营业收入，与同年同行业在职消费除以营业收入的中位数相减来度量"超额在职消费"（$EXPERK_2$），并将大于 0 的作为正向超额在职消费，小于 0 的作为负向超额在职消费。这种度量方法的结果见表 4－12[①]。Panel A 为正向超额薪酬和超额在职消费的样本回归结果，可以发现，超额薪酬（$EXPAY2_{t-1}$）和超额在职消费（$EXPERK_{2,t-1}$）的回归系数显著为正，而负向超额薪酬的回归系数不显著，负向超额在职消费的回归系数甚至为负。因此，我们上文对假设H1a、H1b、H2a 和 H2b 的实证结论比较稳健。

[①]　由于正文中民营样本的结果都不显著，因此这里仅对国有样本进行稳健性测试。

表 4－12　　中位数基础的超额薪酬和超额在职消费计量：国有样本

	Panel A：正向样本				Panel B：负向样本			
	(1) $NCSKEW_t$	(2) $DUVOL_t$	(3) $NCSKEW_t$	(4) $DUVOL_t$	(5) $NCSKEW_t$	(6) $DUVOL_t$	(7) $NCSKEW_t$	(8) $DUVOL_t$
$EXPAY2_{t-1}$	0.116** (2.00)	0.079** (2.29)			0.023 (0.40)	0.020 (0.39)		
$EXPERK2_{t-1}$			0.576* (1.95)	0.828** (2.50)			-17.913*** (-3.08)	-10.793* (-1.72)
$DTURN_{t-1}$	-0.029 (-0.12)	0.057 (0.30)	0.019 (0.21)	-0.012 (-0.08)	-0.027 (-0.37)	0.060 (0.86)	-0.190* (-1.65)	-0.167 (-1.07)
$NCSKEW_{t-1}$	0.007 (0.20)	-0.012 (-0.57)	0.001 (0.02)	-0.001 (-0.05)	-0.031 (-0.83)	-0.008 (-0.24)	-0.029 (-1.19)	-0.023 (-0.82)
$SIGMA_{t-1}$	1.406 (1.01)	-0.560 (-0.67)	2.348 (1.16)	3.006 (1.20)	1.083 (0.62)	-0.092 (-0.07)	0.492 (0.53)	0.575 (1.22)
RET_{t-1}	9.554** (2.24)	4.902 (1.14)	0.977 (0.11)	6.506 (1.09)	10.296* (1.79)	2.288 (0.41)	2.354 (0.42)	8.768** (2.45)
$SIZE_{t-1}$	0.093*** (2.37)	0.002 (0.06)	0.094** (1.99)	0.129*** (2.62)	0.123** (2.56)	0.057 (1.31)	0.012 (0.33)	0.073* (1.78)
MB_{t-1}	0.170*** (3.18)	0.128** (2.40)	0.184*** (4.74)	0.182*** (3.65)	0.159*** (2.74)	0.117** (2.50)	0.084** (2.07)	0.107*** (2.18)
LEV_{t-1}	-0.512*** (-2.73)	-0.357*** (-2.80)	-0.614*** (-5.58)	-0.603*** (-4.09)	-0.432* (-1.88)	-0.345** (-2.25)	-0.487*** (-2.96)	-0.457*** (-3.06)

续表

	Panel A：正向样本				Panel B：负向样本			
	(1) $NCSKEW_t$	(2) $DUVOL_t$	(3) $NCSKEW_t$	(4) $DUVOL_t$	(5) $NCSKEW_t$	(6) $DUVOL_t$	(7) $NCSKEW_t$	(8) $DUVOL_t$
ROA_t	-3.024*** (-4.00)	-3.512*** (-3.94)	-2.850*** (-3.49)	-2.361*** (-2.78)	-1.925*** (-3.19)	-2.719*** (-4.16)	-2.266*** (-2.71)	-2.101*** (-2.91)
$ABACC_{t-1}$	0.285 (0.99)	-0.146 (-0.64)	-0.192 (-0.30)	-0.060 (-0.12)	-0.560 (-1.32)	-0.541 (-1.39)	0.001 (0.00)	-0.033 (-0.08)
Industry	YES	YES	YES	YES	YES	YES	YES	YES
Year	YES	YES	YES	YES	YES	YES	YES	YES
CONSTANT	-2.611*** (-3.01)	0.039 (0.04)	-2.686*** (-2.79)	-3.632*** (-3.95)	-3.240*** (-3.65)	-1.637* (-1.79)	-1.132 (-1.22)	-2.540* (-2.38)
N	1913	1913	1285	1285	1821	1821	1694	1694
R^2	0.081	0.168	0.175	0.091	0.081	0.211	0.163	0.073

注：括号内的数值为 T 值，标准误差经过了公司和年度的 Cluster 调整；*、**、*** 分别表示 10%、5% 和 1% 水平显著。

（2）对于在职消费的度量，古尔等（2011）指出办公费和通讯费也许与在职消费并不完全相关，这两项费用可能大多是公司的正常支出。因此参照古尔等（2011）的做法，我们在原来度量在职消费的基础上剔除办公费和通讯费两项计量在职消费，之后按照模型（4-5）得到超额在职消费（$EXPERK_3$）。回归结果见表4-13，可以发现，结果未发生实质变化。

表4-13　　　　　　　　　　　在职消费的重新计量

	Panel A：正向超额在职消费样本		Panel B：负向超额在职消费样本	
	(1)	(2)	(3)	(4)
	$NCSKEW_t$	$DUVOL_t$	$NCSKEW_t$	$DUVOL_t$
$EXPERK_{3,t-1}$	6.116 *** (3.19)	6.504 *** (3.84)	-6.892 (-1.33)	-8.256 ** (-2.36)
$DTURN_{t-1}$	-0.030 (-0.14)	-0.018 (-0.10)	-0.076 (-0.49)	0.025 (0.15)
$NCSKEW_{t-1}$	0.026 (0.73)	0.011 (0.32)	-0.023 (-0.65)	-0.003 (-0.10)
$SIGMA_{t-1}$	3.417 * (1.73)	2.536 (1.25)	-0.611 (-0.47)	-0.554 (-0.51)
RET_{t-1}	4.753 (0.88)	5.818 (1.32)	8.855 (1.55)	8.909 ** (2.00)
$SIZE_{t-1}$	0.146 ** (2.17)	0.111 * (1.81)	0.092 *** (2.58)	0.076 * (1.83)
MB_{t-1}	0.226 *** (5.86)	0.192 *** (3.58)	0.147 ** (2.41)	0.142 ** (2.22)
LEV_{t-1}	-0.625 ** (-2.39)	-0.525 ** (-2.32)	-0.511 *** (-2.97)	-0.437 *** (-2.68)
ROA_t	-2.286 *** (-4.19)	-2.625 *** (-3.86)	-2.184 *** (-2.73)	-2.450 *** (-2.98)
$ABACC_{t-1}$	-0.118 (-0.19)	-0.195 (-0.40)	0.189 (0.38)	-0.024 (-0.06)
CONSTANT	YES YES	YES YES	YES YES	YES YES
Industry Year	-3.626 *** (-2.61)	-2.908 ** (-2.36)	-2.720 *** (-3.46)	-2.121 ** (-2.40)
N	1086	1086	1840	1840
R^2	0.091	0.096	0.067	0.075

注：括号内的数值为 T 值，标准误差经过了公司和年度的 Cluster 调整；＊、＊＊、＊＊＊分别表示10%、5%和1%水平显著。

4.6 拓展性检验

前面的研究发现超额薪酬和超额在职消费都会对股价崩盘风险产生影响。那么超额薪酬与超额在职消费，谁对股价崩盘风险作用更大？实际上，超额薪酬可以看作高管对显性货币收益的获取，而超额在职消费则是对隐性的非货币收益的获取（权小锋等，2010）。隐性的非货币收益的获取与显性的货币收益的获取相比，往往更隐蔽，更不透明。因此，超额在职消费对股价崩盘风险的作用更大。为了检验这一推断，将超额在职消费和超额薪酬同时放到回归方程中，看其系数大小和显著程度的差异。表4－14显示，超额在职消费（$EXPERK_{1,t-1}$）的回归系数依次为5.736和6.196，显著程度为10%和1%，而超额薪酬（$EXPAY1_{t-1}$）的系数不显著为负，说明超额在职消费对股价崩盘风险的影响超过超额薪酬对其的影响。这一结论对我们认识超额薪酬与超额在职消费的经济后果的不同提供了新的认识。

表4－14　　　　超额货币薪酬与超额在职消费影响程度差异检验

	(1) $NCSKEW_t$	(2) $DUVOL_t$
$EXPERK_{1,t-1}$	5.736 * (1.86)	6.196 *** (3.05)
$EXPAY1_{t-1}$	- 0.025 (- 0.33)	- 0.040 (- 0.45)
$DTURN_{t-1}$	- 0.004 (- 0.02)	- 0.060 (- 0.37)
$NCSKEW_{t-1}$	- 0.012 (- 0.23)	- 0.050 (- 1.20)
$SIGMA_{t-1}$	5.310 (1.59)	4.140 (1.47)
RET_{t-1}	- 4.010 (- 0.52)	- 3.355 (- 0.53)
$SIZE_{t-1}$	0.227 *** (3.68)	0.185 *** (2.99)

	(1)	(2)
	$NCSKEW_t$	$DUVOL_t$
MB_{t-1}	0.245 ***	0.197 ***
	(4.09)	(4.05)
LEV_{t-1}	-0.797 ***	-0.671 ***
	(-4.14)	(-3.65)
ROA_t	-2.541 *	-2.609 *
	(-1.74)	(-1.90)
$ABACC_{t-1}$	0.383	0.415
	(0.85)	(1.01)
Industry	YES	YES
Year	YES	YES
CONSTANT	-5.608 ***	-4.586 ***
	(-5.04)	(-4.14)
N	528	528
R^2	0.114	0.112

注：括号内的数值为 T 值，标准误差经过了公司和年度的 Cluster 调整；* 、 ** 、 *** 分别表示 10%、5% 和 1% 水平显著。

4.7　本章小结

超额薪酬和超额在职消费作为高管获取私有收益的主要方式，反映了股东与管理层的主要代理问题。本章以 2001 ~ 2009 年中国非金融行业上市公司数据为研究样本，主要检验了超额薪酬和超额在职消费对股价崩盘风险的影响以及它们之间的影响路径，并深入考察了市场化程度、机构投资者和国际四大会计师事务所三种外部治理机制对超额薪酬和超额在职消费与股价崩盘风险关系的影响。本章的实证结果表明：

（1）国有企业中，正向的超额薪酬和超额在职消费会显著增加未来股价的崩盘风险，负向的超额薪酬和超额在职消费对股价崩盘风险没有影响；（2）民营企业中，超额薪酬和超额在职消费与股价崩盘风险无关；（3）非效率投资高时，正向超额薪酬和超额在职消费与股价崩盘风险显著正相关，但是非效率投资低组，正向超额薪酬和超额在职消费与股价崩盘风险无关；（4）市场化进程的推进、机构投资者比例的增加和雇用国际四大会计师事务所可以发挥外部治理作用，降低正向超额薪酬和超额在职消费与股价崩盘风险的关系；（5）CEO 持股高时，正向超额薪酬和超额在职消费与股价崩盘风险的关系不显著。拓展性研究还表明超额在职消费对股价崩盘风险的影响程度超过了超额薪酬对股价崩盘风险的影响程度。

本章的研究具有重要的理论与现实启示。第一，本章发现，高管过高的货币薪酬和在职消费会提高上市公司股价未来崩盘的风险，既对西方国家基于股权和期权的研究发现提供了重要补充（Kim et al.，2011b），也说明政府和企业应进一步加强对高管薪酬合理性的设计和监督，避免过度激励而给公司带来的负面影响。第二，应进一步加强对高管薪酬特别是在职消费信息的披露，使外部投资者能了解各项薪酬和在职消费的性质、数量和构成，从而提高薪酬方面的信息透明度，以降低信息不透明所带来的股价崩盘风险。第三，本章发现一些外部治理机制能减弱高管超额薪酬和超额在职消费对股价崩盘风险的正向影响，因而相关部门和企业应进一步加强公司外部治理机制的建设，比如聘用高质量的会计师事务所来审计，以约束高管在追求天价薪酬过程中导致的代理问题。

第 5 章

大股东—小股东代理问题与股价崩盘风险：金字塔结构视角

5.1 引　言

所有权结构的研究一直是公司治理研究领域的重要理论和现实问题。早期学术文献以"所有权高度分散"为假设前提，认为公司的控制权掌握在经理手中，因此，研究的重点聚焦在股东与管理者间的利益不一致产生的一系列代理问题，并形成了股东与管理者的委托代理理论。这一理论构成了许多学术文献的理论基础，对公司治理的研究和改革产生了深远影响。近年来，一些文献发现即使在美国的大公司，股权也表现为适度的集中（Shleifer and Vishny, 1986；Morck et al. , 1988）。拉波特等（1999）通过调查 27 个富裕国家的最终控股股东特征发现，在美国之外特别是投资者保护差的国家的公司存在控股股东，控股股东的控制权与现金流权的分离导致大股东侵占小股东利益。这一著名文献之后，大股东与小股东的代理问题引起广泛关注，并被认为是新兴市场国家的主要代理问题。而金字塔结构是导致两权分离或者说是控股股东控制集团的主要方式（La Porta et al. , 1999；Claessens et al. , 2000, 2002；Faccio and Lang, 2002；刘芍佳等，2003）。金字塔形式的股权控股结构在新兴市场国家非常普遍，印度尼西亚的金字塔结构占比 67%，新加坡占比 55%，日本占比 37%，加拿大占比 35%（Attig et al. , 2003）。在中国，金字塔结构的持股结构也相当普遍。因此，研究这一控股结构的经济后果具有重要的理论和现实意义。

在中国，对于金字塔控股结构的研究，必须考虑中国的现实制度背景，否则得出的结论可能并没有边际增量信息。中国的一个重要制度背景是：产权性质的差异会导致企业战略决策、经营决策和财务决策等经济后果的显著不同。国有企业的金字塔结构和民营企业的金字塔结构的形成原因存在差异，已有的文献已形成了基本共识，即国有企业金字塔结构是政府"放权让利"、放松政府管制或降低政府干预的产物（Fan et al.，2012），而民营企业更多地体现为控股股东掠夺小股东采取的复杂的所有权结构形式。因此，在研究中国金字塔结构经济后果时有必要分产权性质分别进行研究。

关于金字塔经济后果的研究，现有文献主要研究了金字塔结构在投资者保护（如 Bertrand et al. 2002；Bae et al.，2002）、融资（如 Shin and Park，1999；Bianco and Nicodano，2006；Lin et al.，2011；Lin et al.，2012）、投资（如程仲鸣等，2008）、税收负担（刘行和李小荣，2012）、业绩波动（李小荣和张瑞君，2012）和企业价值（如 La Porta et al.，2002；Claessens et al.，2002）等方面的经济后果，那么不同产权性质下的金字塔结构是否会影响股价崩盘风险？什么因素影响金字塔结构与股价崩盘风险关系的强弱？本章的主要研究内容围绕上述两个问题予展开。

本章以 2001～2011 年中国上市公司非金融行业的数据为研究样本，通过实证研究发现：（1）国有企业金字塔层级越大（公司属于金字塔结构越低端），股价崩盘风险越低；（2）民营金字塔层级与股价崩盘风险无显著关系；（3）财务报告越不透明，国有企业金字塔层级与股价崩盘风险的负相关关系越弱；（4）关联交易越严重，国有企业金字塔层级降低股价崩盘风险的作用降低；（5）香港上市的国有企业，金字塔层级降低股价崩盘风险的作用更显著。进一步的拓展检验表明，国有企业的金字塔层级越大，股价同步性越低，民营企业的金字塔层级与股价崩盘风险和同步性的关系为倒"U"型关系。

本章的后续内容安排如下：5.2 节为研究假设；5.3 节是研究设计；5.4 节是实证结果与分析；5.5 节是稳健性检验；5.6 节是拓展性检验；5.7 节是本章小结。

5.2　理论分析与研究假设

5.2.1　国有企业金字塔结构与股价崩盘风险

中国企业的一个重要特征在于"政府控制"程度严重，政府控制导致的企业的低效率运营一直遭受学者们的诟病。为了提高国有企业的运营效率和经营业绩，中国政府推动了一系列的国企改革措施，具体包括放权让利①、政企分开与两权分离、抓大放小，以及建立现代企业制度等（刘行和李小荣，2012）。而国有企业的金字塔控制链条的不断延长，反映了政府的"放权让利"、政府干预的降低和政治成本的减少（Fan et al.，2012；Liu et al.，2010）。范等（2012）认为地方政府主要采用两种方式控制上市公司，其一是委托国有资产管理部门直接控制上市公司，其二是授权给国有资产管理公司或国有企业间接控制上市公司，后一种选择由于存在中间层级公司的存在，导致政府干预企业变得困难。为什么政府要通过金字塔结构进行放权让利？因为决定地方政府官员升迁的重要因素是地方经济的发展，放权让利能调动企业经营的积极性，地方政府为了使对企业的放权承诺变得可信，从而促进当地经济发展，有动机建立复杂的金字塔结构，因为金字塔层级的增加，政府及时获取信息了解企业的日常经营越来越困难，干预成本增加（钟海燕等，2010）。基于范（2012）提出的国有企业金字塔"降低政府干预"的理论解释，一些学者发现国有企业金字塔结构在经理的专业化、雇员效率、全要素生产率和盈利能力（Fan et al.，2012）、过度投资（程仲鸣等，2008）、"掏空"（刘运国和吴小云，2009）、借款成本（Liu et al.，2010）、业绩波动（张瑞君和李小荣，2012）和税收负担（刘行和李小荣，2012）等方面的正面经济后果。

那么，国有企业金字塔层级的增加带来的政府干预的降低，如何影响股价崩盘风险呢？本书认为存在以下三点影响路径：

第一，国有企业金字塔层级的增加带来的政府干预的降低，提高了公司的信息透明度。布什曼等（2004）提出财务报告的透明度主要由政治因素决定，具体的，该文发现国有企业比例越低、银行的政府控制比例越低、政府对公司财富掠夺的风险越低，公司的财务报告透明度越高。在中国，政府干预程度越高，政府对企业的掠夺就越严重，为了使这一掠夺行为变得"合理"，公司采用各种方式隐藏政府的掠夺行为。当然，政府对企业除了存在掠夺之手，还存在支持之手，这一支持之手的一种表现方式在于对陷于财务困境的公司给予政府补助，由此，投资者和债权人对政府控制强的公司要求披露的信息更少。受政府干预强的公司表明其承受的政策性负担也越重，政府干预强的公司将大部分精力放在满足地方政府的需

---

① "放权让利"实际上是指将企业的自主经营权交给企业，同时留存一部分利润给企业，从而激励企业提高运营效率。

求上，如解决当地就业问题、改善政府的财政赤字，而较少关注公司的信息透明度。中国的资源大部分掌握在政府手中，与政府关系近的公司往往利用与政府关系就能获取这些资源，而不需要提高公司信息透明度。此外，国有企业金字塔层级的增加，可以增强经理的专业才能（Fan et al. 2012），使披露的信息更加准确和可靠。因此，国有企业金字塔层级的增加导致的政府干预的降低，能提高公司的信息透明度。

第二，国有企业金字塔层级的增加带来的政府干预的降低，提高了会计稳健性。布什曼和皮奥特洛斯基（2006）研究表明政府干预阻碍了损失的及时确认。特别是在中国，地方分权虽然极大地调动了地方政府官员的积极性，但是也会促使地方政府官员为了盲目追求"政绩"而干预所隶属企业。当国有上市公司出现业绩不佳时，地方官员很可能直接干预财务报告的生成过程，鼓励公司高估利润，延迟确认损失（朱茶芬和李志文，2008）。当政府官员面临升迁时，更可能隐藏公司的坏消息，延迟确认公司损失，提前确认公司利得，以最大努力获取升迁机会（Piotroski et al.，2011）。因此，国有企业金字塔层级的增加，降低了政府干预，增加了会计稳健性。

第三，国有企业金字塔层级的增加带来的政府干预的降低，降低了过度投资程度。政府干预的存在导致我国的过度投资现象较为严重。政府干预导致企业过度投资的原因主要有：一是地方政府为了实现诸如促进经济发展、增加财政收入、改善社会福利、降低失业率和维持社会稳定的社会职能，经常将这些职能强加在所管辖的国有企业头上，导致国有企业投资目标的多元化，使得投资项目的选择并非单纯考察投资的净现值，而是综合考虑地方政府目标的实现，这就容易扭曲国企的投资渠道和效率，出现严重的过度投资现象；二是国企的高管的任命由政府掌控，这一政府与企业的重要纽带关系导致国有企业的投资决策打上地方政府和地方官员的烙印，国有企业高管很可能为了获得上级赏识而积极迎合地方政府的行政指令，导致过度投资。程仲鸣等（2008）的研究表明国有企业的金字塔结构作为降低政府的干预的法律保护机制，可以有效降低企业的过度投资行为。

此外，从"掏空"的角度分析，国有企业的金字塔机构的最终控制人为地方政府，民营企业的金字塔结构的最终控制人是个人或民营实体，最终控制人性质的不同导致两类金字塔结构产生的"掏空"动机和程度的差异。国有企业金字塔结构的由于法律法规的限制不能拥有合法的经济实体（罗党伦和唐清泉，2008），将上市公司利益输送给自己的动机和程度更弱，因此大股东与小股东的代理问题不显著。

股价崩盘风险的产生原因主要有三点：一是代理问题，管理者或控股股东出于自身利益的诉求，会隐藏坏消息。这种利益诉求包括货币薪酬、在职消费、职业生涯考虑和帝国构建或侵占小股东利益等机会主义行为。一旦这种坏消息累积到某个点，无法再隐藏时会突然爆发出来，导致股价的暴跌；二是信息不透明，信息不透明使得投资者无法观察到企业的真实业绩或者被企业的虚假情况蒙蔽，产生股价的误定价。一旦投资者识别或获得企业的真实运营状况，公司股价暴跌；三是公司投资净现值为负的投资项目，由于公司信息的不透明，投资者和股东没有及时发现净现值为负的投资项目并强制管理层放弃该投资项目，净现值为负的投资项目导致差的公司业绩的累积，引起股价暴跌（李小荣和刘行，2012）。

根据股价崩盘风险的形成原因和上文提到的国有企业的金字塔层级增加带来的政府干预降低可以提高公司信息透明度、提高会计稳健性、降低过度投资以及国有企业金字塔结构中大股东与小股东间的代理问题更轻。笔者提出如下假设：

H1：国有企业处于金字塔越低端（层级越大），股价崩盘风险越小。

5.2.2　民营企业金字塔结构与股价崩盘风险

民营企业的金字塔结构的形成和经济后果与国有企业的金字塔结构形成和经济后果存在本质上的不同。民营企业的金字塔层级的增加反映的是控制权与现金流权的分离程度的扩大，两权分离的负面经济后果集中表现为大股东与小股东的代理问题，这一代理问题被认为是新兴市场国家的主要代理问题。两权分离度越大，表明控股股东的现金流权相对控制权的比例越低，这就导致控股股东有动机和有能力侵占公司资源，侵害小股东利益。因为控股股东在侵占公司资源时获得了100%的收益，而只以其拥有的现金流量权承担侵占公司资源导致的成本，中小股东承担了大股东侵占公司资源的大部分成本（Johnson et al.，2000；Fan and Wong，2002）。大股东对小股东利益的侵害得到国内外大量文献的证实。

控股股东对中小股东的利益侵害，一旦被发现，会受到监管部门的制裁和中小股东的反对，为了使这种侵占行为不被发现，控股股东会采取非常隐蔽的方式"掏空"，甚至采用操控公司利润的行为使公司业绩不至于变得太差而引起监管层或投资者的监督和制裁。另外，两权分离导致的内部控制严重，为了防止专有知识对外泄露引起潜在竞争对手和社会公众对其寻租的注意，内部人降低了信息披露的透明度（Fan and Wong，2002）。由此，一些文献发现，两权分离的所有权结构损害了会计信息质量，降低了公司透明度。范和黄（2002）利用亚洲7个经济体的977家公司的数据表明控制权和现金流权的分离度越高，盈余的信息含量越低。霍等（Haw et al.，2004）采用了9个东亚国家和14个西欧国家的所有权结构数据发现，两权分离度越高，操控性应计水平越高。金姆和伊（Kim and Yi，2006）使用韩国的数据研究也表现两权分离越严重，任意性应计程度越高。基于中国数据的研究也发现类似的结论。马忠和吴翔宇（2007）研究表明两权分离度越大，上市公司自愿披露信息的程度越低。李丹蒙（2008）利用深交所信息披露的考评结果作为信息透明度的替代变量，发现金字塔结构的两权分离损害了公司信息透明度，这一现象在民营企业中变现更为明显。高燕（2008）发现公司最终控制人两权分离度越大，盈余管理幅度更大，非国有企业中更为显著。

从以上分析来看，民营企业的金字塔层级越大，两权分离度越大，公司的信息透明度越低，并且隐藏坏消息的动机和可能性越高。而信息不透明和隐藏坏消息是导致股价崩盘风险的关键因素（Jin and Myers，2006；Hutton et al.，2009）。因此，民营企业的金字塔层级与股价崩盘风险呈正相关关系。但是，决定公司信息透明度的因素是复杂的。政府控制程度越高，公司的信息透明度越低（Bushman et al.，2004）。民营企业金字塔层级越长，就越远离了政府的干预，从这点分析，民营企业金字塔层级的增加有益于透明度的提高，但是民营企业建立金字塔企业集团这种复杂的所有权结构是为了抵御政府的掠夺，并且进一步采取不透明的方式隐藏民营企业的身份抵制政府掠夺，这种影响透明度的相反的驱动力导致民营企业金字塔层级与公司透明度无关（Zhang，2004）。高普兰和亚拉曼（Gopalan and Jayaraman，2012）则认为投资者对复杂的所有权结构难以看透，内部人可能提高公司的信息透明度以获取更多的外部融资和降低融资成本。因此民营企业的金字塔层级对透明度的影响，取决于控制权私利的获取和提高信息透明度获取外部融资的权衡。综上可以获知，民营企业的金字塔层级与股价崩盘风险的关系是个实证命题，为此本书提出如下零假设：

H2：民营企业的金字塔层级与股价崩盘风险没有显著关系。

5.2.3 透明度的影响

金姆和梅耶斯通过跨国的数据表明越不透明度的国家，股价崩盘风险越高。哈顿等（2009）则从微观企业的角度研究了财务报告透明度对股价崩盘风险的影响，实证结果发现公司财务报告越不透明，公司的股价崩盘风险越高。吉姆和梅耶斯（2006）提出公司治理和信息透明度共同作用影响股价崩盘风险。因此，本书认为国有企业的金字塔层级能降低股价崩盘风险，而信息越不透明，国有企业金字塔层级降低股价崩盘风险的作用越弱。故提出如下假设：

H3：公司的透明度越低，国有企业金字塔层级与股价崩盘风险的负相关关系越弱。

5.2.4 关联交易的影响

关联交易被认为是控股股东侵占小股东的常用方法（La Porta et al. 2000；Johnson et al.，2000）。一些学术文献也将"关联交易多"作为"掏空"现象严重的表征。张等（Cheung et al.，2006）认为在他们之前的文献研究大股东对小股东的掠夺采用的都是间接的度量方法，而用关联交易度量大股东对小股东利益的侵害则提供了更为直接的经验证据。伯克曼（Berkman et al.，2010）则将关联交易多作为公司治理差的表现。近年来大量的恶性案例也充分显示关联交易成为我国上市公司治理的严重问题（陈晓和王琨，2005）。余明桂和夏新平（2004）的研究发现控股股东控制的上市公司，关联交易显著高于无控股股东的公司，说明控股股东能够借助关联交易转移公司资源、侵占中小股东利益。陈晓和王琨（2005）的研究也表明关联交易规模与股权集中度显著正相关。郑国坚（2011）则提出减少关联交易程度、缓解关联交易的"掏空"后果是市场化改革优化资源配置的一种重要微观机制。从关联交易作为控股股东侵占小股东的利益的手段来看，关联交易越多，控股股东掠夺小股东利益程度越严重。因此，关联交易能减弱国有企业金字塔层级与股价崩盘风险的负相关关系。

另外，从关联交易对信息质量的影响的相关研究来看，关联交易降低了会计信息质量。黄世忠（2001）通过案例研究表明使用关联交易可以将公司业绩扭亏为盈。戈登和亨利（Gordon and Henry，2005）发现特定的关联交易与盈余管理正相关。简和黄（Jian and Wong，2010）使用 1998 ~ 2002 年中国的上市公司数据表明通过向控股股东进行关联销售达到了虚增公司业绩的目的，从而达到避免退市和发行新股的目的。高雷和宋顺林（2008）发现存在盈余管理动机的上市公司关联交易显著更高。郑国坚（2009）的研究显示关联交易程度越高，盈余管理程度越大，盈余价值相关性越低。因此，关联交易会通过降低信息质量或隐藏公司坏消息的路径增加股价崩盘风险。综上分析，本书提出假设 4：

H4：公司的关联交易越多，国有企业金字塔层级与股价崩盘风险的负相关关系越弱。

5.2.5 香港上市的影响

发行 H 股的公司为注册地在内地、上市地在香港的国有企业，较之注册地和上市地均为内地的 A 股企业存在的不同之处在于：一是投资者保护程度不同，大陆的投资者保护水平与拉波特等（1998）所列国家相比，处于倒数位置，而香港的投资者保护水平属于最好之一（Allen et al.，2005）。因此发行 H 股的公司的投资者保护水平高于仅发行 A 股的公司。二是香港的监管要求和信息环境优于内地，仅发行 A 股的企业只要求遵从中国的会计准则，雇用的审计师也并非一定要求国际四大，发行 H 股的企业的财务报告遵守国际会计准则（IFRS）或香港的会计准则（GAAP），并接受国际四大会计事务所的审计（Gul et al.，2010）。三是香港的投资者投资经验丰富，收集、处理和分析价值相关信息的能力高于内地投资者（Gul et al.，2010），因此，H 股公司的信息释放程度高于仅发行 A 股的上市公司。

基于以上三点的不同，以及外国投资者可以提高公司的信息透明度（Kang and Stulz，1997）和降低信息不对称程度（Jiang and Kim，2004）。笔者认为，发行 H 股的国有企业，公司的信息透明度更高，投资者保护更强，受到的外部监督更强，因此隐藏坏消息的动机和能力减弱，故金字塔层级与股价崩盘风险的负相关关系更强。因此提出如下假设：

H5：发行 H 股的国有企业，金字塔层级与股价崩盘风险的负相关关系更强。

5.3 研究设计

5.3.1 样本选择与数据来源

由于 2001 年中国证监会要求上市公司在年报中披露所有权的信息（Liu et al.，2010），因此，本章选择 2001 ~ 2011 年的数据作为初始研究样本。之后，经过了如下数据处理过程：（1）剔除金融行业；（2）为了估计股价崩盘风险的数值，参照吉恩和梅耶斯（2006），剔除每年不足 30 个周收益率的样本；（3）剔除数据有缺失的样本。最终获得 12393 条观测记录，其中国有企业 8844 条，民营企业 3549 条。为了防止异常值对实证结果的影响，本章对所有连续变量进行上下 1% 的 Winsorize 处理。2004 ~ 2010 年的金字塔层级和所有权信息数据来源于 CSMAR 数据库，2001 ~ 2003 年金字塔层级和所有权信息数据来源于公司年报的手工收集。其他数据直接从 CSMAR 数据库中直接获得。

5.3.2 研究变量

1. 股价崩盘风险（*Crash Risk*）

借鉴哈顿等（2009）、金姆等（2011a，b）的方法，本章用三种方法来度量上市公司股价崩盘风险。度量方法如下。

首先，每年用股票 i 的周收益数据进行下列回归：

$$r_{i,t} = \alpha_i + \beta_{1,i} \times r_{m,t-1} + \beta_{2,i} \times r_{I,t-1} + \beta_{3,i} \times r_{m,t} + \beta_{4,i} \times r_{I,t} + \beta_{5,i} \times r_{m,t+1} + \beta_{6,i} \times r_{I,t+1} + \varepsilon_{i,t} \qquad (5-1)$$

其中，$r_{i,t}$ 为个股 i 第 t 周的收益率，$r_{m,t}$ 为市场第 t 周的收益率，$r_{I,t}$ 为行业 I 第 t 周的收益率，历年各公司的行业分类参照中国证券会公布的分类标准。行业收益率的度量方法为：

$$r_{I,t} = \frac{\sum_{j \in I} w_{j,t} r_{j,t}}{\sum_{j \in I} w_{j,t}} \qquad (5-2)$$

其中，$w_{j,t}$ 为股票 j 在行业 I 中的权重，用 A 股流通市值度量。我们同时加入"超前一期"和"滞后一期"的市场收益率 $r_{m,t-1}$、$r_{m,t+1}$ 和行业收益率 $r_{I,t-1}$、$r_{I,t+1}$，以减轻非同步交易可能带来的偏差（Dimson，1979）。股票 i 在第 t 周的公司特有收益为 $W_{i,t}=Ln(1+\varepsilon_{i,t})$，$\varepsilon_{i,t}$ 为回归方程（1）的残差。

其次，基于 $W_{i,t}$ 构造以下三个变量：

（1）虚拟变量 $CRASH_{i,t}$：看公司的周特定收益率是否低于公司所有周特定收益率平均值 3.09 个标准差，若公司的所有周中存在 1 周或 1 周以上的特定收益率低于公司所有周特定收益率平均值 3.09 个标准差，则 $CRASH_{i,t}$ 取值为 1，否则取值为 0。

（2）$DUVOL$：

$$DUVOL_{i,t}=\log\left\{\frac{\left[(n_u-1)\sum_{DOWN}W_{i,t}^2\right]}{\left[(n_d-1)\sum_{UP}W_{i,t}^2\right]}\right\} \qquad (5-3)$$

其中，$n_u(n_d)$ 为股票 i 的周特有收益 $W_{i,t}$ 大于（小于）年平均收益 W_i 的周数。具体来说，首先，将公司 i 在某一年度内的所有周数按每周的特定股票回报率 $W_{i,t}$ 是否高于该年所有周特定回报率的均值划分为两类：一是低于该年特定周回报率均值的周数（"down" weeks）；二是高于该年特定周回报率均值的周数（"up" weeks）。其次，分别计算这两类样本周特定回报率的标准差。最后，$DUVOL$ 等于"down" weeks 的特定周回报率的标准差与"up" weeks 的特定周回报率的标准差的比值的对数。$DUVOL$ 的数值越大，代表收益率分布更倾向于左偏，崩盘风险越大。

（3）$NCSKEW$：

$$NCSKEW_{i,t}=-\frac{\left[n(n-1)^{\frac{3}{2}}\sum W_{i,t}^3\right]}{\left[(n-1)(n-2)\left(\sum W_{i,t}^2\right)^{\frac{3}{2}}\right]} \qquad (5-4)$$

其中，n 为每年股票 i 的交易周数。$NCSKEW$ 的数值越大，表示偏态系数负的程度越严重，崩盘风险越大。

2. 金字塔层级（$Layer$）

参照范等（2012）的做法，我们将最终控制人到公司间的最长链条数量作为金字塔结构的层级数。例如，图 5-1 中最终控制人 A 到公司 B 间只有一条控制链，金字塔层级为 1，图 5-2 中最终控制人 C 到公司 E 间最长控制链是 CDE，控制链条数是 2，所以金字塔层级为 2。

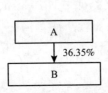

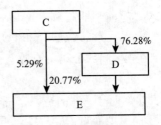

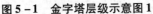

图 5 - 1　金字塔层级示意图 1　　　　**图 5 - 2　金字塔层级示意图 2**

注：图 5 - 1 和图 5 - 2 来源于 2010 年 *CSMAR* 控制关系图，具体公司名称以 A、B、C、D 和 E 代替。

3. 财务报告透明度 （*Opaque*）

借鉴哈顿等 （2009） 度量财务报告透明度的方法，本书采用前 3 年操控性应计的绝对值之和度量，即：

$$Opaque = AbsV(DiscAcc_{t-1}) + AbsV(DiscAcc_{t-2}) + AbsV(DiscAcc_{t-3}) \quad (5-5)$$

DiscAcc 的具体计算过程：首先利用修正的琼斯模型 （Dechow et al. ，1995） 分年度分行业回归 （见式 （5 - 6）），然后将模型 （5 - 6） 估计出来的回归系数代入 （5 - 7） 计算出操控性应计 *DiscAcc*。

$$\frac{TA_{i,t}}{Asset_{i,t-1}} = \alpha_0 \times \frac{1}{Asset_{i,t-1}} + \beta_1 \times \frac{\Delta Sales_{i,t}}{Asset_{i,t-1}} + \beta_2 \times \frac{PPE_{i,t}}{Asset_{i,t-1}} + \varepsilon_{i,t} \quad (5-6)$$

$$DiscAcc_{i,t} = \frac{TA_{i,t}}{Asset_{i,t-1}} - \left(\hat{\alpha}_0 \frac{1}{Asset_{i,t-1}} + \hat{\beta}_1 \times \frac{\Delta Sales_{i,t} - \Delta Rec_{i,t}}{Asset_{i,t-1}} + \hat{\beta}_2 \times \frac{PPE_{i,t}}{Asset_{i,t-1}} \right)$$

$$(5-7)$$

其中，*TA* 为总应计项目，等于营业利润减去经营活动产生的净流量；$Asset_{i,t-1}$ 为公司上年期末总资产；$\Delta Sales_{i,t}$ 为当年营业收入与上年营业收入的差额；ΔRec 为应收账款增长额；*PPE* 为固定资产原值。

4. 关联交易 （*RPT*）

借鉴简和黄 （2010） 的做法，本章将关联销售定义为关联交易，并用公司的关联销售金额除以期末公司总资产去规模化。

5. 香港上市 （*H*）

若公司在发行 *A* 股的同时发行 *H* 股，则虚拟变量 *H* 取值为 1，若公司只发行 *A* 股则 *H* 取值为 0。

6. 控制变量

根据陈等（2001）、哈顿等（2009）和金姆等（2011a，b）等文献，本章在回归模型中控制了如下变量：股票月平均超额换手率 *DTURN*，陈等（2001）和金姆等（2011a，b）发现其与崩盘风险正相关；股票周公司特有收益的标准差 *SIGMA*，公司特有收益的波动性越高，股价未来的崩盘风险越大；股票周平均公司特有收益 *RET*，股票过去的收益率越高，将来发生崩盘的可能性越大；股票年末总资产的自然对数 $SIZE_{i,t}$，公司规模越大，股价崩盘风险越大；市账比 *MB*，*MB* =（年末的股票价格 × 流通股数量 + 每股净资产 × 非流通股数量)/账面权益价值，成长型股票在将来发生崩盘风险的可能性更高；年末的资产负债率 *LEV*，*LEV* = 负债账面价值/公司总资产；总资产收益率 *ROA*。哈顿等（2009）发现，*LEV* 和 *ROA* 均与股价崩盘风险负相关。操控性应计的绝对值 *ABACC*，即上文提到的 *DiscAcc* 的绝对值。根据哈顿等（2009）的研究，*ABACC* 越大，股价崩盘风险越大。此外，我们加入年度哑变量及行业虚拟变量①。具体变量定义参见表 5-1。

表 5-1 变量定义

变量	变量说明
CRASH	股价崩盘风险指标1，变量说明参见正文
DUVOL	股价崩盘风险指标2，计算公式参见正文（5-3），该值越大，股价崩盘风险越大
NCSKEW	股价崩盘风险指标3，计算公式参见正文（5-4），该值越大，股价崩盘风险越大
Layer	金字塔层级，变量说明参见正文
Opaque	财务报告透明度，计算公式参见正文（5-5）
RPT	关联销售，关联销售/期末总资产
H	公司同时发行 A 股和 H 股，该值取值为 1，只发行 A 股，该值取值为 0
DTURN	月平均超额换手率，为第 *t* 年股票 *i* 的月平均换手率与第 *t* −1 年股票 *i* 的月平均换手率的差
SIGMA	股票的收益波动，为公司年所有周特有收益率的标准差，周特有收益率的计算：$W_{i,t} = Ln(1 + \varepsilon_{i,t})$，$\varepsilon_{i,t}$ 为正文模型（5-1）估计的残差项
RET	平均周特有收益率，周特有收益率的计算：$W_{i,t} = Ln(1 + \varepsilon_{i,t})$，$\varepsilon_{i,t}$ 为正文模型（5-1）估计的残差项

---

① 采用证监会的行业划分标准，并将制造业按照两位代码细分，共 21 个行业，设置 20 个行业哑变量。

变量	变量说明
SIZE	期末总资产自然对数
MB	市账比，MB =（第 t 年末的股票价格 × 流通股数量 + 每股净资产 × 非流通股数量）/账面权益价值
LEV	资产负债率
ROA	息税前利润除以期末总资产
ABACC	正文提到的 *DiscAcc* 的绝对值

5.3.3 研 究 模 型

借鉴陈等（2001）、哈顿等（2009）和金姆等（2011a，b）等文献，我们构建了模型（5－8）来检验金字塔层级对股价崩盘风险的影响。$CRASHRISK_{i,t+1}$ 为未来 1 期的股价崩盘风险，本章采用 $CRASH$、$DUVOL$ 和 $NCSKEW$ 三个指标度量股价崩盘风险。

$$CRASHRISK_{i,t+1} = \alpha_0 + \beta_1 * Layer_{i,t} + \beta_2 * DTURN_{i,t} + \beta_3 * NCSKEW_{i,t}$$
$$+ \beta_4 * SIGMA_{i,t} + \beta_5 * RET_{i,t} + \beta_6 * SIZE_{i,t} + \beta_7 * MB_{i,t}$$
$$+ \beta_8 * LEV_{i,t} + \beta_9 * ROA_{i,t} + \beta_{10} * ABACC + INDUSTRY$$
$$+ YEAR + \varepsilon_{i,t} \qquad (5-8)$$

在检验财务报告透明度、关联交易和香港上市对金字塔层级与股价崩盘风险关系的影响时，分别加入 $Opaque_{i,t}$、$Layer_{i,t} * Opaque_{i,t}$、$RPT_{i,t}$、$Layer_{i,t} * RPT_{i,t}$、$H$、$Layer_{i,t} * H$ 等变量和交叉项。

5.4　实证结果与分析

5.4.1 描 述 性 统 计

表 5－2 为描述性统计结果。Panel A 为国有企业的结果，Panel B 则为民营企业的结果。从股价崩盘风险的 3 个度量指标来看，国有企业的股价崩盘风险高于民营企业，表明政府控制一定程度上有损信息透明度（Bushman et al.，2004；Piotroski and Wong，2011），国有企业的金字塔层级（*Layer*）平均值为 2.388，低于民营企业的金字塔层级 2.481，可见，

民营企业构建了更为复杂的金字塔所有权结构。国有企业的财务报告透明度（*Opaque*）的均值和中位数分别为 0.184 和 0.150；而民营企业的财务报告透明度的均值和中位数则分别为 0.226 和 0.183。民营企业的关联交易平均值为 0.143，高于国有企业的关联交易平均值 0.140，说明民营企业的关联交易程度略显严重。发行 H 股的国有企业的比例为 3.9%，发行 H 股的民营企业则更低，为 0.4%。控制变量的描述性统计也在正常区域内，不存在异常值，具体可参见表 5 - 2 所示。

表 5 - 2 描述性统计

	Panel A：国有企业						Panel B：民营企业					
变量	Obs	Mean	Median	Std.	Min	Max	Obs	Mean	median	Std.	Min	Max
$CRASH_{t+1}$	8844	0.391	0.000	0.488	0.000	1.000	3549	0.383	0.000	0.486	0.000	1.000
$NCSKEW_{t+1}$	8844	0.447	0.440	0.813	-4.498	4.702	3549	0.432	0.392	0.809	-4.664	4.498
$DUVOL_{t+1}$	8844	0.355	0.359	0.592	-2.325	2.574	3549	0.331	0.312	0.583	-2.174	2.637
$Layer_t$	8844	2.388	2.000	0.880	1.000	8.000	3549	2.481	2.000	1.034	1.000	9.000
$Opaque_t$	7884	0.184	0.150	0.133	0.003	1.193	2873	0.226	0.183	0.160	0.000	1.216
RPT_t	7509	0.140	0.055	0.249	0.000	1.820	2655	0.143	0.051	0.264	0.000	1.820
H	8844	0.039	0.000	0.194	0.000	1.000	3549	0.004	0.000	0.065	0.000	1.000
$NCSKEW_t$	8844	0.445	0.437	0.782	-1.735	2.46	3549	0.43	0.384	0.784	-1.735	2.46
$DTURN_t$	8844	0.019	0.003	0.173	-0.474	0.532	3549	0.037	0.017	0.199	-0.474	0.532
$SIGMA_t$	8844	0.045	0.042	0.019	0.008	0.298	3549	0.053	0.05	0.047	0.004	1.719
RET_t	8844	-0.001	-0.001	0.001	-0.061	0.000	3549	-0.002	-0.001	0.019	-0.674	0.000
$SIZE_t$	8844	21.553	21.437	1.097	18.948	24.657	3549	21.001	20.939	0.95	18.948	24.657
MB_t	8844	1.51	1.245	0.792	0.815	6.065	3549	1.871	1.462	1.131	0.815	6.065
LEV_t	8844	0.498	0.503	0.195	0.073	1.197	3549	0.506	0.504	0.224	0.073	1.197
ROA_t	8844	0.046	0.048	0.07	-0.294	0.279	3549	0.050	0.056	0.084	-0.294	0.279
$ABACC_t$	8844	0.061	0.042	0.063	0.001	0.356	3549	0.076	0.053	0.075	0.001	0.356

表 5 - 3 则统计了本章研究样本的金字塔层级分布和对应的股价崩盘风险的均值和中位数。从表中可以看出，不管是国有企业还是民营企业，金字塔层级绝大多数在 2 层和 3 层。根据国有企业和民营企业不同层级的股价崩盘风险的均值和中位数，本章将其描绘成图，以便形象地看出股价崩盘风险随着金字塔层级增加的变化趋势。图 5 - 3 和图 5 - 4 为国有企业股价崩盘风险随金字塔层级的变化趋势图，从中可以发现，随着金字塔层级的增加，股价崩盘风险呈不断下降的趋势，表明国有企业的金字塔层级

有助于降低股价崩盘风险，支持假设 H1。图 5 – 5 和图 5 – 6 则是民营企业股价崩盘风险随金字塔层级的变化趋势图，与国有企业的情况形成鲜明对比，民营企业的股价崩盘风险随着金字塔层级的增加呈现先上升后下降的趋势，说明民营企业金字塔层级对股价崩盘风险的影响存在不同的影响机理，有待进一步的分析和检验。

表 5 – 3　　　　　　　金字塔层级分布和对应的股价崩盘风险

	样本量	占比	$CRASH_{t+1}$		$DUVOL_{t+1}$		$NCSKEW_{t+1}$	
Panel A：国有企业 $N=8844$								
			Mean	Median	Mean	Median	Mean	Median
1	675	7.63%	0.412	0.000	0.419	0.405	0.515	0.528
2	5238	59.23%	0.397	0.000	0.359	0.361	0.449	0.441
3	2112	23.88%	0.386	0.000	0.340	0.358	0.435	0.438
> =4	819	9.26%	0.349	0.000	0.310	0.306	0.404	0.384
Panel B：民营企业 $N=3549$								
1	392	11.05%	0.352	0.000	0.283	0.251	0.360	0.315
2	1738	48.97%	0.386	0.000	0.325	0.316	0.426	0.394
3	974	27.44%	0.396	0.000	0.357	0.340	0.459	0.419
> =4	445	12.54%	0.373	0.000	0.342	0.304	0.461	0.407

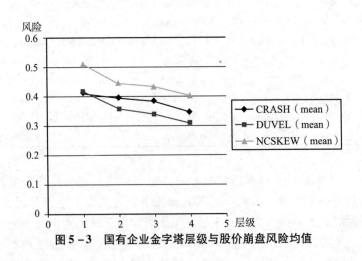

图 5 – 3　国有企业金字塔层级与股价崩盘风险均值

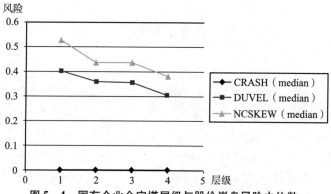

图5-4 国有企业金字塔层级与股价崩盘风险中位数

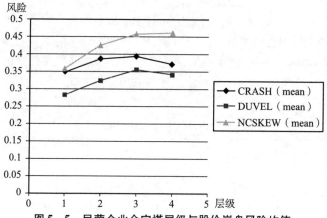

图5-5 民营企业金字塔层级与股价崩盘风险均值

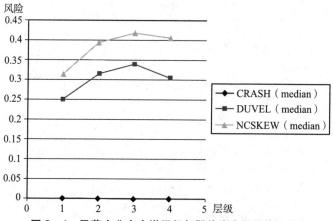

图5-6 民营企业金字塔层级与股价崩盘风险中位数

5.4.2 金字塔层级与股价崩盘风险

表 5-4 为金字塔层级对股价崩盘风险影响的回归结果。对于国有企业，表 5-4 的回归（1）和（2）中金字塔层级（Layer）的回归系数分别为 -0.080 和 -0.008，显著程度达到 5%，回归（3）金字塔层级的系数为负，也接近显著，说明国有企业的金字塔层级能显著降低股价崩盘风险，支持假设 H1。表明国有企业的金字塔层级作为政府放权的产物，降低了政府干预，具有提高信息透明度、降低股价崩盘风险的作用，为国有企业金字塔结构的正面经济后果提供了进一步经验证据。回归（4）、回归（5）和回归（6）的金字塔层级系数不显著，支持假设 H2，说明民营企业的金字塔层级的增加，可能是控股股东对中小股东的侵占程度增加，控股股东采取了更为隐蔽的方式掏空，也可能是控股股东为了降低投资者对其侵占中小股东的"不好印象"，提高信息披露程度，抑或降低了政府的干预，多种力量的综合导致民营企业的金字塔层级与股价崩盘风险的关系不显著。

表 5-4   金字塔层级与股价崩盘风险

| | 国有企业 | | | 民营企业 | | |
| | (1) | (2) | (3) | (4) | (5) | (6) |
	$CRASH_{t+1}$	$DUVOL_{t+1}$	$NCSKEW_{t+1}$	$CRASH_{t+1}$	$DUVOL_{t+1}$	$NCSKEW_{t+1}$
$Layer_t$	-0.080 **	-0.008 **	-0.008	-0.040	-0.000	0.008
	(-2.01)	(-2.17)	(-1.16)	(-1.43)	(-0.04)	(0.64)
$NCSKEW_t$	3.245 ***	0.022 *	0.032 **	3.251 ***	0.011	0.006
	(38.22)	(1.72)	(2.06)	(15.78)	(0.73)	(0.30)
$DTURN_t$	0.423 **	-0.090 *	-0.100	0.852	0.098	0.079
	(2.31)	(-1.88)	(-1.27)	(1.38)	(1.41)	(1.10)
$SIGMA_t$	5.458	2.329 *	2.125	1.047	-0.468	-0.489
	(1.20)	(1.87)	(1.36)	(0.34)	(-1.00)	(-0.62)
RET_t	14.970	21.540 *	21.600	8.181	-1.511	-1.904
	(0.42)	(1.77)	(1.37)	(1.11)	(-1.61)	(-1.06)
$SIZE_t$	0.026	-0.014	-0.029	-0.057	0.000	-0.004
	(0.81)	(-0.84)	(-1.17)	(-0.57)	(0.02)	(-0.17)
MB_t	0.004	0.004	0.007	-0.102	0.012	0.001
	(0.11)	(0.27)	(0.40)	(-0.92)	(0.67)	(0.03)

	国有企业			民营企业		
	(1)	(2)	(3)	(4)	(5)	(6)
	$CRASH_{t+1}$	$DUVOL_{t+1}$	$NCSKEW_{t+1}$	$CRASH_{t+1}$	$DUVOL_{t+1}$	$NCSKEW_{t+1}$
LEV_t	-0.084	-0.013	0.065	-0.612	-0.053	-0.043
	(-0.76)	(-0.20)	(0.69)	(-1.30)	(-1.19)	(-0.60)
ROA_t	0.496	-0.214*	-0.235	1.666***	0.011	-0.002
	(1.16)	(-1.72)	(-1.51)	(4.91)	(0.06)	(-0.01)
$ABACC_t$	0.617	0.012	0.012	2.261***	0.213*	0.340
	(1.22)	(0.08)	(0.05)	(3.48)	(1.65)	(1.48)
$CONSTANT$	-2.547***	0.679**	1.029**	-0.606	0.781**	1.067*
	(-3.33)	(1.96)	(2.03)	(-0.24)	(2.05)	(1.82)
$INDUSTRY$	YES	YES	YES	YES	YES	YES
$YEAR$	YES	YES	YES	YES	YES	YES
N	8844	8844	8844	3549	3549	3549
R^2		0.100	0.071		0.106	0.075
$Pseudo\ R^2$	0.408			0.418		

注：*、**、***分别表示10%、5%和1%水平显著；括号内为T或Z值，标准误差经过了公司和年度的Cluster调整。

5.4.3　财务报告透明度的影响

由于民营企业的金字塔层级与股价崩盘风险的关系不显著，因此，我们检验财务报告透明度的影响只考虑国有样本。表5-5为透明度影响的回归结果，从中可以发现，金字塔层级与财务报告透明度的交叉项（$Layer_t * opaque_t$）在回归（2）和回归（3）的系数依次为0.109和0.116，显著程度为5%和10%，说明透明度越低，金字塔层级与股价崩盘风险的负相关关系越弱，假设H3得以验证。吉恩和梅耶斯（2006）指出代理问题和公司透明度共同影响了股价崩盘风险，表5-5的实证结论也支持了他们的这一论断，随着金字塔层级的增加，政府这个控股股东减少了干预程度，但是这一力量对股价崩盘风险的影响受到财务报告透明度的影响，在透明度强时，国有企业的金字塔层级更有益于降低股价崩盘风险；反之，若公司极不透明，则金字塔层级降低股价崩盘风险的作用有限。

表 5 – 5   透明度的影响：国有企业

	(1)	(2)	(3)
	$CRASH_{t+1}$	$DUVOL_{t+1}$	$NCSKEW_{t+1}$
$Layer_t$	-0.072	-0.030**	-0.030*
	(-1.59)	(-2.49)	(-1.76)
$Layer_t * opaque_t$	0.140	0.109**	0.116*
	(0.78)	(2.18)	(1.71)
$Opaque_t$	-0.496	-0.333**	-0.387**
	(-1.00)	(-2.50)	(-2.11)
$NCSKEW_t$	0.071**	0.022**	0.035***
	(2.26)	(2.44)	(2.95)
$DTURN_t$	-0.248	-0.126**	-0.155*
	(-1.09)	(-2.21)	(-1.88)
$SIGMA_t$	-0.620	2.193***	1.918
	(-0.19)	(2.70)	(1.52)
RET_t	-12.879	19.787**	18.291
	(-0.36)	(2.30)	(1.30)
$SIZE_t$	-0.077***	-0.014*	-0.028***
	(-2.61)	(-1.73)	(-2.62)
MB_t	-0.039	0.007	0.012
	(-1.01)	(0.67)	(0.82)
LEV_t	0.093	0.016	0.093*
	(0.64)	(0.41)	(1.73)
ROA_t	-0.037	-0.145	-0.158
	(-0.10)	(-1.37)	(-1.11)
$CONSTANT$	1.669**	0.765***	1.089***
	(2.25)	(3.98)	(4.43)
$INDUSTRY$	YES	YES	YES
$YEAR$	YES	YES	YES
N	7884	7884	7884
R^2		0.102	0.073
$Pseudo\ R^2$	0.030		

注：*、**、***分别表示10%、5%和1%水平显著；括号内为 T 或 Z 值，标准误差经过了公司和年度的 Cluster 调整。

5.4.4 关联交易的影响

关联交易是控股股东侵占小股东的一种手段。在国有企业中，政府一方面可能利用关联交易侵占小股东利益，另一方面则可能利用关联交易对其所控股的上市公司进行利益输送。简和黄（2010）的研究表明国有企业的上市公司为了配股、再融资或避免摘牌存在向控股股东关联销售虚增利润的行为。若存在这一行为，关联销售虚增利润，实际上隐藏了公司的坏消息，根据股价崩盘风险的形成机理，关联销售的行为会增加股价崩盘风险。为此，我们考察上市公司的关联销售行为对金字塔层级与股价崩盘风险的影响。表5-6可以看出，关联交易和金字塔层级的交叉项（$Layer_t * RPT_t$）的系数依次为0.155、0.056和0.077，显著程度均在1%以上。说明关联销售越多，金字塔层级与股价崩盘风险的负相关关系减弱，支持假设H4。

表5-6　　　　　　　　　　关联交易的影响：国有企业

	(1) $CRASH_{t+1}$	(2) $DUVOL_{t+1}$	(3) $NCSKEW_{t+1}$
$Layer_t$	-0.075 ** (-2.49)	-0.020 *** (-6.86)	-0.022 *** (-3.06)
$Layer_t * RPT_t$	0.155 ** (2.45)	0.056 *** (3.97)	0.077 *** (2.71)
RPT_t	-0.514 *** (-2.63)	-0.169 *** (-3.69)	-0.260 *** (-3.26)
$NCSKEW_t$	0.051 * (1.77)	0.0271 *** (2.64)	0.036 ** (2.45)
$DTURN_t$	-0.142 (-0.56)	-0.062 (-1.22)	-0.070 (-0.89)
$SIGMA_t$	0.314 (0.11)	2.032 * (1.66)	2.084 (1.18)
RET_t	2.515 (0.11)	20.035 * (1.65)	22.251 (1.27)
$SIZE_t$	-0.068 (-1.34)	-0.014 (-0.77)	-0.025 (-0.92)

续表

	(1) $CRASH_{t+1}$	(2) $DUVOL_{t+1}$	(3) $NCSKEW_{t+1}$
MB_t	−0.023 (−0.77)	0.009 (0.60)	0.017 (0.84)
LEV_t	0.101 (0.57)	−0.011 (−0.16)	0.050 (0.50)
ROA_t	−0.001 (−0.00)	−0.135 (−0.92)	−0.149 (−0.84)
$ABACC$	0.388 (0.99)	0.075 (0.52)	0.118 (0.59)
$CONSTANT$	1.445 (1.35)	0.841** (2.14)	1.157** (2.00)
$INDUSTRY$	YES	YES	YES
$YEAR$	YES	YES	YES
N	7509	7509	7509
R^2		0.103	0.075
$Pseudo\ R^2$	0.026		

注：* 、** 、*** 分别表示 10%、5% 和 1% 水平显著；括号内为 T 或 Z 值，标准误差经过了公司和年度的 Cluster 调整。

5.4.5　香港上市的影响

外国投资者的公司治理作用近年来得到学界的高度关注，特别是对于中国这样一个逐步对外开放的国家，引入外资或吸引外国投资者具有重要意义。而赴香港上市则是一种良好的公司治理机制，因为香港的上市环境和外部监管更严，投资者经验更为丰富，能力更强。为了检验香港上市对国有企业金字塔层级与股价崩盘风险的影响，本书在回归中加入了发行 H 股的虚拟变量（H）和金字塔层级与发行 H 股虚拟变量的交乘项（$Layer_t * H$）两项。表 5−7 为实证结果，可以发现，在回归（1）和回归（3）中金字塔层级与发行 H 股虚拟变量的交乘项（$Layer_t * H$）的系数依次为 −0.308 和 −0.069，显著程度分别为 10% 和 1%，表明香港上市有助于金字塔层级降低股价崩盘风险，假设 H5 得以验证。

表5-7	香港上市的影响		
	(1)	(2)	(3)
	$CRASH_{t+1}$	$DUVOL_{t+1}$	$NCSKEW_{t+1}$
$Layer_t$	-0.071 * (-1.88)	-0.007 * (-1.96)	-0.005 (-0.85)
$Layer_t * H$	-0.308 * (-1.92)	-0.034 (-1.17)	-0.069 *** (-2.62)
H	0.688 (1.51)	0.086 (0.89)	0.175 ** (2.08)
$NCSKEW_t$	3.245 *** (38.54)	0.022 * (1.71)	0.032 ** (2.04)
$DTURN_t$	0.429 ** (2.38)	-0.090 * (-1.85)	-0.099 (-1.24)
$SIGMA_t$	5.399 (1.20)	2.320 * (1.84)	2.108 (1.34)
RET_t	13.987 (0.39)	21.478 * (1.75)	21.484 (1.35)
$SIZE_t$	0.023 (0.68)	-0.015 (-0.83)	-0.031 (-1.13)
MB_t	0.001 (0.04)	0.004 (0.25)	0.007 (0.37)
LEV_t	-0.079 (-0.76)	-0.011 (-0.18)	0.067 (0.70)
ROA_t	0.492 (1.19)	-0.213 * (-1.69)	-0.233 (-1.43)
$ABACC_t$	0.617 (1.21)	0.012 (0.08)	0.011 (0.05)
$CONSTANT$	-2.487 *** (-3.15)	0.700 * (1.85)	1.068 * (1.89)
$INDUSTRY$	YES	YES	YES
$YEAR$	YES	YES	YES
N	8844	8844	8844
R^2		0.100	0.072
Pseudo R^2	0.408		

注：* 、 ** 、 *** 分别表示10%、5%和1%水平显著；括号内为 T 或 Z 值，标准误差经过了公司和年度的 Cluster 调整。

5.5 稳健性检验

为了使本章的结论更为稳健，本章还进行了如下稳健性测试。

第一，虽然本章的回归模型中被解释变量（股价崩盘风险）用的是超前一期值，解释变量（金字塔层级）用的是当期值，在一定程度上减轻了内生性，但是为了更好地降低内生性对实证结果的影响，我们还采用工具变量法进行两阶段（2SLS）的回归。范等（2012）认为制度环境是影响金字塔层级的重要因素，皮奥特洛斯基和黄（2011）则强调制度对信息环境的重要性。因此金字塔层级与股价崩盘风险的关系可能是由于制度环境共同决定了，如此的话，金字塔层级和股价崩盘风险的关系可能就是伪相关。为此，我们借鉴范等（2012）的做法选择港口数量（*Number of Sea Ports$_t$*）、码头（*Commercial Port$_t$*）和租界（*Leased Territories$_t$*）[①] 作为金字塔层级的工具变量进行两阶段回归。

表5-8报告了两阶段的回归结果，第一阶段三个工具变量与金字塔层级显著相关，符合工具变量的条件，在第二阶段金字塔层级依旧和股价崩盘风险显著负相关，说明国有企业的金字塔层级与股价崩盘风险的关系较为稳健。

表5-8		两阶段回归		
	1st Stage		2nd Stage	
	Layer$_t$	CRASH$_{t+1}$	DUVOL$_{t+1}$	NCSKEW$_{t+1}$
Number of Sea Ports$_t$	0.005 *** (3.18)			
Commercial Port$_t$	-0.133 *** (-3.97)			

---

① 港口数量（*Number of Sea Ports$_t$*）指的是我们样本区间内上市公司所在省、区或直辖市的港口数量；码头（*Commercial Port$_t$*）为虚拟变量，若第一次鸦片战争之后的清朝时期，上市公司所在区域向外国人开放了条约口岸则该变量取值为1，否则取值为0；租界（*Leased Territories$_t$*）也为虚拟变量，若第一次鸦片战争之后的清朝时期，上市公司所在区域向外国人开放了租界，则该变量取值为1，否则取值为0。根据 Fan et al.（2012），条约口岸所在区域有：福建、广东、上海和浙江（南京条约，1842）；福建、海南、湖北、广东、江苏、辽宁和山东（天津条约，1858）；天津和新疆（北京条约，1860）；安徽、湖北、广西和浙江（烟台条约，1876）；重庆、湖北和浙江（马关条约，1895）。租界所在区域有：天津（1860）、上海（1845）、江苏（1863）、浙江（1896）、安徽（1877）、江西（1861）、福建（1861）、山东（1889）、广东（1857）、重庆（1901）和湖北（1861）。

| | 1ˢᵗ Stage | 2ⁿᵈ Stage | | |
	$Layer_t$	$CRASH_{t+1}$	$DUVOL_{t+1}$	$NCSKEW_{t+1}$
$Leased\ Territories_t$	0.085 *** (2.67)			
$Predicted\ Layer_t$		-0.373 ** (-2.59)	-0.520 *** (-2.89)	-0.653 *** (-2.70)
$NCSKEW_t$	-0.002 (-0.18)	0.014 * (1.76)	0.020 ** (1.96)	0.030 ** (2.20)
$DTURN_t$	-0.096 (-0.17)	-0.074 (-1.31)	-0.140 ** (-1.98)	-0.163 * (-1.71)
$SIGMA_t$	4.472 *** (3.39)	1.428 (1.31)	4.615 *** (3.39)	5.008 *** (2.73)
RET_t	33.239 (2.20)	10.783 (0.96)	38.672 *** (2.77)	43.212 ** (2.29)
$SIZE_t$	-0.003 (-0.29)	-0.022 *** (-3.01)	-0.015 * (-1.68)	-0.031 ** (-2.53)
MB_t	-0.009 (-0.58)	-0.015 (-1.36)	-0.001 (-0.04)	0.002 (0.08)
LEV_t	-0.011 (-0.20)	0.020 (0.53)	-0.024 (-0.51)	0.051 (0.82)
ROA_t	-0.126 (-0.84)	-0.065 (-0.64)	-0.273 ** (-2.16)	-0.310 * (-1.82)
$ABACC_t$	0.105 (0.69)	0.139 (1.34)	0.070 (0.55)	0.085 (0.49)
$CONSTANT$	2.023 *** (8.21)	1.770 *** (4.66)	1.739 *** (3.68)	2.457 *** (3.86)
$INDUSTRY$	YES	YES	YES	YES
$YEAR$	YES	YES	YES	YES
N	8844	8844	8844	8844
R^2	0.063	—	—	—

注：*、**、***分别表示10%、5%和1%水平显著；括号内为T或Z值，标准误差经过了公司和年度的$Cluster$调整。在两阶段回归中会出现第二阶段R^2缺失的现象。

第二，金字塔层级越高也表明两权分离越严重，为此，我们还采用两权分离度（$Separation$，等于控制权比例减去所有权比例）、控制权与现金流权的比例（Co，控制权/现金流权）两个替代变量作为稳健性检验。表5-9为回归结果，可以发现，两权分离度（Separation）与股价崩盘风险在5%以上程度负相关；控制权与现金流权的比例（Co）与股价崩盘风险分别在5%、10%和5%的程度上显著为负。说明国有企业的两权分离越严重，股价崩盘风险越低，这一结论与"国有金字塔层级越大，股价崩盘风险越低"吻合。

表5-9　　　　　　　　　　　两权分离与股价崩盘风险

	(1) $CRASH_{t+1}$	(2) $DUVOL_{t+1}$	(3) $NCSKEW_{t+1}$	(4) $CRASH_{t+1}$	(5) $DUVOL_{t+1}$	(6) $NCSKEW_{t+1}$
$Separation$	-0.010 *** (-2.80)	-0.002 ** (-2.05)	-0.004 ** (-2.46)			
Co				-0.097 ** (-2.24)	-0.016 * (-1.89)	-0.029 ** (-2.20)
CF	-0.001 (-0.86)	-0.001 (-1.33)	-0.001 (-1.50)	-0.001 (-0.78)	-0.001 (-1.48)	-0.001 (-1.41)
$NCSKEW_t$	0.064 ** (2.04)	0.024 *** (2.89)	0.034 ** (2.42)	0.062 * (1.93)	0.023 * (1.91)	0.032 ** (2.24)
$DTURN_t$	-0.213 (-0.97)	-0.104 * (-1.85)	-0.147 (-1.46)	-0.232 (-1.03)	-0.109 * (-1.73)	-0.144 (-1.43)
$SIGMA_t$	0.076 (0.02)	2.449 *** (2.65)	2.189 (1.63)	0.419 (0.12)	2.483 ** (2.22)	2.228 (1.56)
RET_t	23.530 (0.58)	25.261 ** (2.28)	24.662 ** (2.10)	27.882 (0.63)	25.394 ** (2.44)	24.374 ** (2.07)
$SIZE_t$	-0.093 *** (-3.32)	-0.017 ** (-2.19)	-0.032 (-1.28)	-0.091 *** (-3.22)	-0.015 (-0.90)	-0.029 (-1.21)
MB_t	-0.055 (-1.36)	-0.005 (-0.45)	-0.002 (-0.09)	-0.056 (-1.33)	-0.002 (-0.14)	0.003 (0.16)
LEV_t	0.177 (1.23)	-0.001 (-0.03)	0.098 (0.92)	0.167 (1.14)	-0.007 (-0.10)	0.081 (0.84)
ROA_t	0.297 (0.75)	-0.073 (-0.70)	-0.034 (-0.17)	0.100 (0.25)	-0.134 (-1.05)	-0.145 (-0.90)

续表

	(1) $CRASH_{t+1}$	(2) $DUVOL_{t+1}$	(3) $NCSKEW_{t+1}$	(4) $CRASH_{t+1}$	(5) $DUVOL_{t+1}$	(6) $NCSKEW_{t+1}$
$ABACC_t$	0.523 (1.28)	− 0.015 (− 0.14)	0.017 (0.08)	0.449 (1.09)	− 0.015 (− 0.09)	− 0.005 (− 0.02)
$CONSTANT$	1.701 ** (2.49)	0.801 *** (4.68)	1.154 ** (2.26)	1.962 *** (2.80)	0.770 ** (2.23)	1.117 ** (2.25)
$INDUSTRY$	YES	YES	YES	YES	YES	YES
$YEAR$	YES	YES	YES	YES	YES	YES
N	7967	7967	7967	7778	7778	7778
R^2		0.104			0.105	0.075
$Pseudo\ R^2$	0.030		0.075	0.029		

注：*、**、*** 分别表示10%、5%和1%水平显著；括号内为 T 或 Z 值，标准误差经过了公司和年度的 Cluster 调整。

第三，关联交易采用其他的处理方法。第一种处理方法借鉴哈顿等（2009）度量财务报告透明度的方法，采用前3年关联销售的平均值度量公司的关联交易程度，表5 - 10 的回归（1）、回归（2）和回归（3）为此度量方法的结果，可见，金字塔层级与前三年平均关联交易的交叉项（$Layer_t * MEANRPT_t$）显著为正，与正文结论一致。第二种度量方法是公司关联交易的数据缺失值以 0 处理，这样样本量与第一步的实证检验样本量一致，表5 - 10 的回归（4）、回归（5）和回归（6）为第二种处理方法的实证结果，金字塔层级与关联交易的交叉项（$Layer_t * RPT_t$）显著为正，结论未变。第三种处理方法是采用异常的关联销售度量关联交易。简和黄（2010）认为关联交易存在正常的关联交易和异常的关联交易。我们采用简和黄（2010）的方法用 OLS 回归的方法将关联交易中的行业、时间和公司特征（公司规模、资产负债率和市账比）因素扣除，用残差表示异常的关联交易（$ABRPT_t$），实证结果见表5 - 10 的回归（7）、回归（8）和回归（9），金字塔层级与异常关联交易的交叉项（$Layer_t * ABRPT_t$）的回归系数依次为 0.126、0.059 和 0.077，显著程度分别为5%、1%和1%。综合来看，不管关联交易的处理采用何种方法，实证结果都未变。

表 5 – 10　　关联交易采用其他的处理方法

	(1) $CRASH_{t+1}$	(2) $DUVOL_{t+1}$	(3) $NCSKEW_{t+1}$	(4) $CRASH_{t+1}$	(5) $DUVOL_{t+1}$	(6) $NCSKEW_{t+1}$	(7) $CRASH_{t+1}$	(8) $DUVOL_{t+1}$	(9) $NCSKEW_{t+1}$
$Layer_t$	-0.068** (-2.32)	-0.027*** (-2.74)	-0.023* (-1.74)	-0.053* (-1.77)	-0.0130*** (-3.86)	-0.014** (-2.36)	-0.040 (-1.39)	-0.008** (-2.28)	-0.007 (-1.15)
$Layer_t * MEANRPT_t$	0.107*** (5.97)	0.090** (2.18)	0.080* (1.76)						
$MEANRPT_t$	-0.402*** (-2.95)	-0.291*** (-2.81)	-0.321** (-2.53)						
$Layer_t * RPT_t$				0.112* (1.66)	0.043** (2.56)	0.059** (2.10)			
RPT_t				-0.374* (-1.85)	-0.119** (-2.21)	-0.193** (-2.31)			
$Layer_t * ABRPT_t$							0.126** (2.11)	0.059*** (3.98)	0.077*** (2.80)
$ABRPT_t$							-0.410** (-2.15)	-0.161*** (-3.23)	-0.241*** (-2.99)
$NCSKEW_t$	0.0133 (0.33)	0.019 (1.63)	0.017 (0.86)	0.067** (2.10)	0.022 (1.69)	0.032** (2.03)	0.0671** (2.09)	0.021* (1.67)	0.032** (2.01)
$DTURN_t$	-0.170 (-0.68)	-0.090*** (-3.12)	-0.110** (-2.18)	-0.177 (-0.79)	-0.090* (-1.86)	-0.101 (-1.27)	-0.177 (-0.78)	-0.090* (-1.85)	-0.100 (-1.26)
$SIGMA_t$	-3.960 (-0.78)	1.107 (0.51)	1.635 (0.55)	-0.858 (-0.37)	2.333* (1.87)	2.147 (1.37)	-0.871 (-0.37)	2.327* (1.86)	2.138 (1.36)

续表

	(1) $CRASH_{t+1}$	(2) $DUVOL_{t+1}$	(3) $NCSKEW_{t+1}$	(4) $CRASH_{t+1}$	(5) $DUVOL_{t+1}$	(6) $NCSKEW_{t+1}$	(7) $CRASH_{t+1}$	(8) $DUVOL_{t+1}$	(9) $NCSKEW_{t+1}$
RET_t	-60.551 (-1.08)	11.257 (0.37)	19.162 (0.45)	-7.758 (-0.48)	21.390* (1.76)	21.313 (1.36)	-7.872 (-0.49)	21.308 (1.75)	21.212 (1.35)
$SIZE_t$	-0.111** (-2.17)	-0.019 (-1.03)	-0.031 (-1.12)	-0.090** (-2.11)	-0.013 (-0.81)	-0.028 (-1.13)	-0.091** (-2.15)	-0.013 (-0.82)	-0.028 (-1.16)
MB_t	-0.002 (-0.04)	0.025 (1.31)	0.039 (1.49)	-0.051* (-1.71)	0.004 (0.29)	0.008 (0.44)	-0.053* (-1.73)	0.004 (0.27)	0.007 (0.38)
LEV_t	0.176 (0.72)	-0.014 (-0.14)	0.079 (0.55)	0.122 (0.69)	-0.012 (-0.20)	0.067 (0.71)	0.112 (0.63)	-0.014 (-0.23)	0.062 (0.67)
ROA_t	0.451 (0.68)	0.075 (0.70)	0.123 (0.77)	-0.078 (-0.22)	-0.212* (-1.71)	-0.231 (-1.50)	-0.078 (-0.22)	-0.212* (-1.72)	-0.230 (-1.50)
$ABACC$	0.607 (1.19)	0.134 (0.65)	0.169 (0.59)	0.439 (1.05)	0.015 (0.09)	0.020 (0.09)	0.438 (1.04)	0.015 (0.09)	0.020 (0.09)
$CONSTANT$	2.496** (2.37)	0.939** (2.30)	1.218** (1.96)	1.890** (2.24)	0.680* (1.97)	1.022** (2.00)	1.891** (2.26)	0.673* (1.94)	1.021** (2.02)
$INDUSTRY$	YES	YES	YES	YES	YES	YES	YES	YES	YES
$YEAR$	YES	YES	YES	YES	YES	YES	YES	YES	YES
N	4958	4958	4958	8844	8844	8844	8844	8844	8844
R^2		0.095	0.074		0.100	0.072		0.101	0.072
$Pseudo\ R^2$	0.029			0.028			0.028		

注：*、**、***分别表示 10%、5% 和 1% 水平显著；括号内为 T 或 Z 值，标准误差经过了公司和年度的 Cluster 调整。

5.6 拓展性检验

5.6.1 金字塔层级与股价同步性

股价崩盘风险能反映资本市场的稳定发展程度，与股价崩盘风险具有同等重要而且密切关联的一个反映资本市场资源配置效率的股价特征指标是股价同步性。股价同步性表示的是公司特有信息反映到股价的程度，若公司特有信息反映到股价的程度越低，则股价同步性越高。因此，股价同步性也被认为是表征公司信息质量的重要指标。那么金字塔层级是否影响股价同步性呢？对于国有企业，金字塔层级的增加，政府控制程度降低，政府对企业的掠夺程度降低；企业承受的社会负担降低；企业更多地依靠自身能力获取融资；债权人更关注企业的经营情况。因此，有动机披露更多公司特有信息，信息透明度更高，股价同步性更低。对于民营企业，随着金字塔层级的增加，两权分离程度更为严重，控股股东侵占中小股东的利益更严重，就会采取更隐蔽的方式掏空，因此公司的特有信息反映到股价的程度越低。但是另一方面，控股股东是否进行掏空取决于掏空的收益和成本，由于投资者预期到控股股东的侵占行为，因此越处以金字塔低端的企业要想获得与金字塔高端的企业或水平持股结构的企业相同的融资规模和融资成本，需要披露更多的公司特有信息，否则，投资者给予折价。因此，民营企业的金字塔层级与股价同步性也可能不显著。

为此，我们对金字塔层级与股价同步性进行了实证检验。根据哈顿等（2009）构建股价同步性的方法，我们采用本章的模型（1）R^2 估计股价同步性，鉴于 R^2 的取值区间为 $[0, 1]$，不符合最小二乘法的回归要求，故对 R^2 进行如下对数转换：

$$SYN = Ln\left(\frac{R^2}{1 - R^2}\right) \qquad (5-9)$$

表 5-11 是回归结果，可以发现，国有企业的金字塔层级与股价同步性显著负相关，显著程度达到 1%，而民营企业金字塔层级与股价同步性则不显著正相关。这表明，国有企业的金字塔层级能显著降低股价同步性。

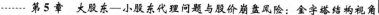

表5–11   金字塔结构与股价同步性

	国有企业	民营企业
	(1)	(2)
	SYN_t	SYN_t
$Layer_t$	-0.040 ***	0.029
	(-3.01)	(1.29)
$SIZE_t$	-0.016	0.047
	(-0.38)	(1.42)
MB_t	-0.214 ***	-0.185 ***
	(-4.94)	(-5.98)
LEV_t	-0.283 ***	-0.388 ***
	(-2.38)	(-2.50)
ROA_t	0.961 ***	1.079 ***
	(3.08)	(2.25)
Var（industry return）[①]	-8.415 ***	-2.208
	(-3.09)	(-0.47)
$CONSTANT$	6.098 ***	4.558 ***
	(7.31)	(6.34)
$INDUSTRY$	YES	YES
$YEAR$	YES	YES
N	8844	3549
R^2	0.262	0.225

注：*、***、*** 分别表示10%、5%和1%水平显著；括号内为 T 值，标准误差经过了公司和年度的 Cluster 调整。

5.6.2 民营企业金字塔层级与股价同步性、股价崩盘风险的非线性关系

在前文的检验中，笔者发现民营企业的金字塔层级与股价崩盘风险和股价同步性的关系不显著，那么民营企业的金字塔层级与股价崩盘风险、股价同步性是否呈非线性关系呢？笔者认为它们之间的关系可能呈倒 U 型关系，理由是：民营企业的金字塔结构是否提高信息透明度，取决于提高信息透明度的收益和成本，在某一临界点前，降低信息透明度以实现控股

[①] 该变量为行业收益率的方差，此控制变量的选取参照了哈顿等（2009）。

股东对中小股东利益的侵占，此时，控股股东的掏空收益高于正常运营公司的收益，金字塔层级与股价崩盘风险、股价同步性的关系为正相关。但是在某一临界点之后，两权分离较为严重时，投资者预期到掏空给投资者带来的利益损害，会给予公司价值折价，因此，控股股东继续掏空的成本很高，两权分离越严重，掏空的成本就越高，此时，控股股东权衡掏空的收益和成本，发现提高信息透明度带来的收益高于掏空的收益，因此，两权分离越严重，信息披露程度越高，金字塔层级与股价崩盘风险、股价同步性的关系为负相关。

我们对此进行实证检验，实证结果见表 5 – 12。回归（1）~ 回归（4）金字塔层级（$Layer_t$）的回归系数显著为正，金字塔层级的平方（$LayerSqure_t$）显著为负，说明金字塔层级与股价崩盘风险、股价同步性呈倒"U"型关系。支持了上文的推断。

表 5 – 12　　　　　　　　　　　非线性关系的检验

	(1) $CRASH_{t+1}$	(2) $DUVOL_{t+1}$	(3) $NCSKEW_{t+1}$	(4) SYN_t
$Layer_t$	0.212 ** (2.24)	0.055 * (1.76)	0.066 * (1.74)	0.107 ** (2.28)
$LayerSqure_t$	– 0.034 ** (– 1.96)	– 0.008 ** (– 2.10)	– 0.009 * (– 1.88)	– 0.012 * (– 1.75)
$NCSKEW_t$	0.024 (0.60)	0.011 (0.71)	0.005 (0.28)	
$DTURN_t$	0.304 (1.19)	0.096 (1.37)	0.077 (1.04)	
$SIGMA_t$	– 2.327 ** (– 2.22)	– 0.474 (– 0.99)	– 0.496 (– 0.63)	
RET_t	– 7.195 *** (– 2.61)	– 1.514 (– 1.60)	– 1.907 (– 1.07)	
$SIZE_t$	– 0.053 (– 1.30)	– 0.001 (– 0.06)	– 0.006 (– 0.23)	0.045 (1.36)
MB_t	– 0.047 (– 0.80)	0.012 (0.64)	0.000 (0.01)	– 0.186 *** (– 5.99)
LEV_t	– 0.077 (– 0.36)	– 0.061 (– 1.36)	– 0.051 (– 0.71)	– 0.399 *** (– 2.58)

续表

	(1) $CRASH_{t+1}$	(2) $DUVOL_{t+1}$	(3) $NCSKEW_{t+1}$	(4) SYN_t
ROA_t	0.806 (1.28)	0.020 (0.11)	0.008 (0.03)	1.091 ** (2.28)
$ABACC_t$	1.141 ** (2.17)	0.213 * (1.67)	0.341 (1.49)	
Var (industry return)				−2.320 (−0.49)
CONSTANT	1.245 (1.45)	0.727 * (1.95)	1.012 * (1.74)	4.486 *** (6.46)
INDUSTRY	YES	YES	YES	YES
YEAR	YES	YES	YES	YES
N	3549	3549	3549	3549
R^2		0.107	0.076	0.225
Pseudo R^2	0.028			

注：* 、** 、*** 分别表示10%、5%和1%水平显著；括号内为 T 或 Z 值，标准误差经过了公司和年度的 Cluster 调整。

5.7　本章小结

本章区分了产权性质检验了金字塔层级与股价崩盘风险的关系，并考察了财务报告透明度、关联交易、香港上市三个因素对国有企业金字塔层级与股价崩盘风险关系的影响，并进一步研究了金字塔层级与股价同步性的影响以及考察民营企业的金字塔层级与股价崩盘风险、股价同步性是否存在非线性关系。通过利用 2001～2011 年中国非金融行业的上市公司的研究样本，实证结果发现：（1）国有企业的金字塔层级能显著降低股价崩盘风险；（2）民营企业的金字塔层级与股价崩盘风险的单调关系不显著；（3）国有企业财务报告透明度会减弱金字塔层级与股价崩盘风险的负相关关系；（4）国有企业的关联销售越多，金字塔层级与股价崩盘风险的负相关关系越弱；（5）在香港上市的国有企业，金字塔层级降低股价崩盘风险的作用更显著；（6）国有企业的金字塔层级增加也可以降低股价同步性；（7）民营企业的金字塔层级与股价崩盘风险、股价同步性呈倒"U"型关系。

　　本章的研究除了丰富了金字塔结构和股价崩盘风险的研究文献，还具有重要的现实启示：第一，政府干预严重恶化了中国上市公司的信息环境，降低政府控制可以改善中国上市公司的信息环境，从而保证资本市场的稳定发展；第二，民营企业构建的复杂金字塔控股结构一方面抵御了政府干预，但由于控股股东的掏空动机，民营企业的金字塔结构信息披露投机取决于掏空的收益和成本；第三，国有企业金字塔结构的关联销售是政府对企业的支持行为，这一支持行为往往夸大了公司财务业绩，影响了股价崩盘风险，有必要对这一行为引起注意并进行监督；第四，外国投资者持股可以改善中国上市公司的信息环境，吸引外资对于改善中国上市公司的公司治理和整个中国资本市场的发展具有重要意义。

第 6 章

股东—债权人代理问题与股价崩盘风险：债权治理视角

6.1 引 言

财务报告是投资者获知企业信息的重要渠道。财务报告信息质量的高低是决定股价崩盘风险大小的关键因素（Jin and Myers，2006；Bleck and Liu，2007；Hutton et al.，2009）。管理者出于获取私利（比如薪酬、职业生涯、帝国建造）的目的，有动机隐藏公司的坏消息、夸大财务业绩，一旦公司的坏消息累积到某一临界点，公司隐藏坏消息的成本很高，无法再隐瞒时，累计的坏消息突然全部释放到市场，导致股价的崩盘（Jin and Myers，2006；Hutton et al.，2009）。基于此，哈顿等（2009）的研究表明财务报告透明度越低，股价崩盘风险越高。金姆等（2011a）采用了"税收规避代理观"作为理论基础，发现公司的税收规避是一种获取私利的行为，这一行为加大了股价崩盘风险。金姆等（2011b）的研究表明CFO为了追求股权价值的最大化，采取最大化当期股价、牺牲公司长期价值的短期行为，这种短期行为加大了股价未来崩盘的风险。皮奥特洛斯基等（2011）发现，中国地方政府官员为了升迁，会使国有企业隐藏坏消息，他们的结论支持地方政府官员晋升动机影响了公司股价崩盘风险。由此可见，公司的信息管理行为是股价崩盘风险的重要诱因。一些学者的研究发现，采取更加稳健的会计政策（及时确认坏消息）（Kim and Zhang，2010）、执行国际会计准则（IFRS）（Defond et al.，2011）有利于降低非金融行业的股价崩盘风险。

股东、管理者和债权人是公司最为重要的利益相关者，他们共同影响了公司财务报告信息的生成和披露。理论上，债务契约会影响股价崩盘风险。首先，债务融资是财务报告透明的保证（Armstrong et al., 2010）。由于债权人与债务人双方信息的不对称，债务人需要提供高质量的信息才能获得更多的债务融资渠道和更低的融资成本。公司获得债务融资后，债权人为了确保自有资金的安全，要求债务人提供及时可靠的财务信息，以此监督债务人的决策。其次，债权人对坏消息的反映程度更敏感。债权人只要求债务人还本付息，因此，债权人的投资价值与公司的坏消息的敏感程度高于好消息的敏感程度。现有研究支持债务融资提高了公司的会计稳健性（如 Beatty et al., 2008；Zhang, 2008）；最后，债务契约是重要的公司治理手段。债务在公司治理中监督和约束作用得到了西方财务理论的普遍推崇和认可（田利辉，2004；冯旭南，2012）。综上，笔者推断，债务契约可以监督和约束经理，降低其代理成本，同时也能保证公司信息的透明度，减少坏消息累计的程度，从而能降低股价崩盘风险。

但是，对于中国这样处于转型的新兴市场国家，债权人缺乏保护、司法体系缺乏效率、债务执行成本很高的情形下（冯旭南，2012），债务契约是否能发挥作用？目前的研究结论并不一致。汪辉（2003）认为由于中国的大部分上市公司的最大股东为国家，而国家无动力也无能力监督和激励管理层，而且股权融资没有影响经理的控制权，反而增加了经理可支配的现金流权，因此，较之股东，债权人的监督约束作用更强。黄乾富和沈红波（2009）基于中国制造业上市公司的研究样本发现，债务对企业的过度投资行为有较强的制约作用。姜付秀和黄继承（2011）的研究表明负债治理能显著提升企业价值。但是，一些学者的研究则发现债务契约并未发挥作用。邓莉等（2007）发现无论公司的短期和长期银行贷款均对公司治理效应没有显著影响。田利辉（2004）认为由于中国预算软约束的存在，债务融资不但没有发挥公司治理作用，反而增加了经理的代理成本。此外，一些研究则发现债务契约发挥了部分治理功效。李世辉和雷新途（2008）发现负债对显性代理成本有抑制作用，但对隐形代理成本无影响。谢德仁和陈运森（2009）的研究表明债务的治理效应的发挥依赖于金融生态环境。田侃等（2010）认为债务契约在中国具有典型的"次优"特征，实证结果发现债务契约未能对预算软约束条件下的"代理成本"发挥抑制作用，但却显著地抑制了"隧道效应"。

笔者认为，现有中国债务契约治理功能的研究得出不一致的结论的可能原因有：一是现有研究基本上使用资产负债率或负债程度表征债务契约的约束程度，实际上，负债程度越高并不必然表明债务契约的限制性条款越多（Fields et al. , 2001）。菲尔兹等（2001）还提出资产负债率是内生的。因此，使用负债程度或资产负债率度量债务契约的治理强度并不科学，得出的结论也不可靠。二是没有考察法制环境和债权人与债务人双方相对谈判力对债权治理的影响。债权治理的前提是完备的法律环境，法律执行环节的薄弱导致债务契约的治理功效出现异化（田侃等，2010）。债权人与债务人双方相对议价能力必然导致债务契约执行结果的差异。

为此，本章选择债务诉讼检验债务契约对股价崩盘风险的影响，笔者认为债务诉讼是检验债权治理的理想事件，主要原因在于：债务诉讼源于企业发生债务违约，债务违约时，债务契约赋予债权人加速收回本金、拒绝进一步授信和取消抵押品的赎回权等权利（Tan, 2012），这些权利使得债权人能对债务人施加重要影响；在中国，声誉和关系是获得融资需求的重要替代机制（Allen et al. , 2005），企业发生债务诉讼后，有强烈动机维护声誉，声誉的重要性迫使企业满足债权人的需求或改善经营；以往用负债程度检验债权治理存在一定程度的内生性，债务诉讼是个外生事件，能减除内生性的困扰，从而使实证结论更为可靠。本章试图回答四个问题：（1）公司发生债务诉讼后，股价崩盘风险是否降低？（2）债务诉讼影响股价崩盘风险的机理是什么？（3）外部法律环境的不同，债务诉讼影响股价崩盘风险的程度是否不同？（4）债权人与债务人双方议价能力的不同是否导致债务诉讼影响股价崩盘风险的程度的差异？

通过实证研究，笔者发现，公司被债务起诉后，股价崩盘风险显著降低；公司发生债务诉讼后，公司的正向盈余管理水平降低了，并且会计稳健性得到提高，盈余管理和会计稳健性是债务诉讼影响股价崩盘风险的路径；法制环境好的地区，公司被债务起诉后，股价崩盘风险显著降低，但法制环境差的地区，股价崩盘风险并未显著降低；债权人相对谈判力强时，债务诉讼后，股价崩盘风险显著降低，反之，债务诉讼与股价崩盘风险的关系不显著。以上实证结果经过延长崩盘风险预测期间、采用 *Difference-in-Difference* 回归方法和改变会计稳健性度量方法等稳健性检验，依然成立。

本章后续部分安排如下：6.2 节是理论分析与假设发展；6.3 节是研究设计；6.4 节是实证结果与分析；6.5 节是稳健性检验；6.6 节是本书的结论。

6.2 理论分析与研究假设

6.2.1 债务诉讼与股价崩盘风险

债权人和股东一样，在公司治理中扮演重要角色。张维迎（2000）甚至认为债权人控制比股东控制对经理更残酷，因为经理在债权人控制时比在股东控制时更容易丢掉饭碗，由此，债务能更好地约束经理。理论研究层面，债务融资的公司治理作用得到大量文献的科学论证。詹森和迈克林（1976）认为公司债务融资增加，内部代理冲突减少，从而代理成本降低。格罗斯曼和哈特（1982）提出债务比例的上升提高了企业破产的概率，经理为了避免破产带来的控制权的丧失，会努力工作，降低自利行为。詹森（1986）的"自由现金流假说"认为负债的还本付息压力能减少企业的自由现金流，制止经理的盲目扩张行为。哈里斯和拉维夫（1990）则提出债权人具有要求企业清算的选择权，因此，债务是一种约束机制。自施莱费尔和维西勒（Shleifer and Vishny，1997）提到"虽然关于债权人的公司治理角色有大量的理论文献讨论，但是经验证据甚为匮乏"以来，一些学者逐步提供了这方面的经验证据。汪辉（2003）的实证结果显示债务融资增加了公司的市场价值。黄乾富和沈红波（2009）发现债务比例与公司的过度投资存在显著的负相关关系。姜付秀和黄继承（2011）的研究表明负债和激励在提升企业价值方面存在显著的替代关系。尼尼等（2012）则利用债务违约的数据发现，债务违约后债权人对企业产生了重要影响，具体而言，债务违约后，财务报告更谨慎、投资下降、CEO变更加快、公司会计业绩和市场价值得以提升。

债务契约是财务报告质量的保证。波尔等（2008）认为债务契约更多地依赖于财务数字来签订，而股票市场的信息来源多于债务市场，因此，债务市场对公司报告质量的影响高于股票市场，该文实证结果显示债务市场规模越大，会计信息的及时性和稳健性均更高。阿姆斯特朗（Armstrong et al.，2010）则认为债权人是财务报告过程的监督者，债务契约具有提高公司透明度的作用。特别指出的是，债权人不是剩余索取者，只要求债务人还本付息，在破产中享受优先偿还权，这些特征决定了债权人对公司信息的不对称需求，强调坏消息的及时确认。债务契约能提高会计稳健性得到了广泛认同。瓦特（Watts，1993，2003）提出债务契约是稳健性存在的重要原因。布什曼和皮奥特洛斯基（2006）发现债务融资越普遍，对损失的确认越及时。国内学者也提供了债务契约提高会计稳健性的经验证据。孙铮等（2005）发现债务比重高的公司比债务比重低的公司，会计政策选择更趋稳健。祝继高（2011）基于银行起诉上市公司的债务违约数据的研究也表明被银行起诉的企业会计政策更为稳健。

基于债务契约的公司治理角色和提高公司财务报告质量方面的作用，我们认为，债务诉讼能显著降低股价崩盘风险，原因主要有以下几个方面。

一是公司债务违约被起诉后，信息透明度提高。债务违约后，债权人权利增强，为了保护自身的合法权益，债权人会启动信息收集过程（Tan，2012）。债权人的利益完全取决于债务人经营状况的真实状态。当公司经营业绩很好时，债权人并不多关注，因为债权人知道自己的投资会得到收回，反之，公司经营业绩差时，债权人就会变得积极，因为债权人需要明确权益是否能得到保障。特别是由于债务违约导致法律诉讼时，债权人需要更多的关于债务人的信息以争取诉讼中的主动权，或获取更多的信息以便采取进一步的行动，或获取更多的信息来对债务人施加压力。债权人的一个重要权利是信息的检查权，债权人有权利获取债务人的账簿、记录、财产和相关人事安排等信息（Tan，2012）。公司信息不透明会导致股价崩盘风险的增加（Jin and Myers，2006；Hutton et al.，2009）。债务诉讼后信息透明度的增加有利于股价崩盘风险的降低。此外，从盈余管理角度分析，一方面，债务诉讼后，基于债权人的幕后压力（Nini et al.，2012）和声誉的考虑，公司会降低盈余管理行为；另一方面正如王彦超等（2008）提出的，公司为了减少诉讼带来的损失会采取反向的盈余管理行为，即降低公司的盈余。但也可能是公司在债务诉讼前夸大公司盈余避免法律诉讼，之后遭到诉讼后的盈余管理的"放松"（Unwinding）（Tan，2012）。不管是何种原因导致的盈余管理的下降或反向盈余管理行为，都不会加大股价崩盘风险，反而可能降低股价崩盘风险，即使反向盈余管理（做小盈余）也只是隐藏了好消息而不是隐藏坏消息。

二是公司债务违约被起诉后，会计稳健性增强。债权人只要求债务人还本付息，故债权人的投资价值与公司的坏消息的敏感程度高于好消息的敏感程度。因此，债务诉讼后，债权人在收集债务人信息的过程中，对坏消息的确认更及时。而且，由于上述文献提到的债务契约的公司治理作用，债权人会要求债务人采取更谨慎的会计政策，因为会计谨慎性的提高可以降低代理成本、提高投资效率和发现不称职的经理（Nini et al.，2012），由此，可以降低违约损失。另外，从公司自身角度分析，由于诉讼是一种高成本的解决利益冲突的方式（王彦超等，2008），为了避免诉讼带来的声誉损失，公司会迎合债权人需求或更"遵纪守法"，采取更谨慎的会计政策，重塑声誉，或者利用会计谨慎性的公司治理角色，改善公司治理，提高公司价值，避免陷入财务困境引起再一次的债务诉讼。会计稳健性的提高降低了坏消息的累计程度，也减弱了公司隐匿坏消息的动机，因此，有助于降低股价崩盘风险。金姆和张（2010）利用 1964 ~ 2007 年美国的研究样本发现会计稳健性能降低股价崩盘风险。

综上分析，我们提出以下假设：

H1：债务诉讼能显著降低股价崩盘风险。

H1a：正向盈余管理时，债务诉讼降低股价崩盘风险的作用不显著；反之，债务诉讼能显著降低股价崩盘风险。

H1b：会计稳健性高时，债务诉讼能显著降低股价崩盘风险；反之，债务诉讼降低股价崩盘风险的作用不显著。

6.2.2 法律环境的影响

法律环境对债务契约的签订和执行具有重要影响。自拉波尔塔等（La Porta et al.）开创"法与金融"研究领域以来，法律环境对投资者权益保护的研究成为研究热点，这部分的研究着重强调法制对股东权利的影响，法制对债权人权利的研究略显薄弱。关于法制环境对债务契约的影响，艾斯蒂和麦金森（Esty and Megginson，2003）认为当债权人的法律权利和法律执行力度低时，由于资金侵占的概率、重签契约的成本和违约概率上升，因此需要更多的监督。现有研究表明法律执行力度影响了贷款的规模、成本和期限结构。一般来说，法律对债权人的保护程度越高，法律执行程度越好，债权人给债务人的贷款规模越大、成本越低、期限越长（Esty and Megginson，2003；Qian and Strahan，2007；Bae and Goyal，2009）。古尔等（2002）则发现债权人法律保护和法律执行差的国家，操控性应计水平更高，而操控性应计和债务水平的正相关关系，在法律保护和法律执行强的国家减弱，这说明法律能显著影响债务契约的执行。

特别是对于新兴加转轨市场的国家而言，在研究债务契约的执行效果时，无法避开法律和制度对债务契约执行效果的影响，现有研究基本认为，新兴市场国家债务契约治理作用的减弱是由于法制不健全或执法不严。田侃等（2010）认为债权治理的前提是完备的法律环境，法律执行环节的薄弱会导致债务契约的治理功效出现异化。詹科夫（2008）利用跨国数据发现人均资本利得和法律规则是决定债务契约执行效率的关键因素。中国具有典型的"新兴"和"转轨"特征，债权人保护程度低于世界平均水平，而且在执法上比较松懈、随意性较大（肖作平和廖理，2007）。但是，伴随着中国的市场化改革不断深入，中国经济取得的巨大成就，很大程度上归因于中国制度环境的不断改善，在其中，法律环境也逐步趋于完善。而中国的地域辽阔，各区域发展不均衡，市场化进程差异较大，法制环境也相差悬殊。樊纲等（2011）提供了中国各省、直辖市和自治区的法制环境指数。这些条件为我们检验法制环境对债权治理效果提供了良好检验场所。

那么，法制环境是如何影响债务诉讼与股价崩盘风险关系的？笔者认为当法律环境较差时，即使公司由于债务违约被起诉，由于公司预期当地法院有法不依、执法不严或其他契约不能有效执行的情形，法律对债务违约的公司难以构成威慑力，那么债务违约公司就没有动力改善公司治理和提高财务报告质量，甚至采取更不透明的披露方式阻止债权人的进一步行动，这样就不能降低股价崩盘风险。另外，法制环境较差时，也可能意味着政商勾结，"关系契约"发挥的作用高于正式契约。政企关系和银企关系在中国显得非常重要，企业的融资受到政府和银行的影响，当企业与政府银行关系好时，企业能获得多种融资渠道，甚至在财务困境时能得到政府的支持，因此，债务违约的公司可能并不关心法律诉讼对其的影响，债权人要求采取更稳健的会计政策和提高公司透明度也就难得到违约企业的支持配合。反之，法律环境好时，债权人权利得以有效保护、契约得以有效执行，规则作用高于"关系"，那么，债务违约被起诉的企业将提高公司透明度、采取更稳健的会计政策和改善公司治理，那么公司坏消息就难以累计，自然降低了股价崩盘风险。由此，我们提出假设：

H2：法制环境好时，债务诉讼降低股价崩盘风险作用更为显著。

6.2.3　债权人相对谈判力的影响

公司由于债务违约被起诉后，公司与债权人存在一个谈判或博弈的过程。不管是债权人与债务人是在法院的主导下还是"幕后"的交流，双方的相对的议价能力，毋庸置疑会对谈判或法院的决策产生影响。当债权人处于强有力的谈判地位时，债务人会受到更多的压力，从而使谈判结果向债权人倾斜；反之，债权人处于弱势谈判地位，债务人的决策权占主导，谈判结果就会向债务人倾斜。辉等（Hui et al.，2012）研究了供应商和客户的相对谈判力对公司会计稳健性的影响，作者发现供应商和客户的相对谈判力越强，公司的会计稳健性越高。而塔恩（Tan，2012）则利用美国1996~2007年的公司债务违约数据发现债权人的相对谈判力越强，违约公司违约后的会计稳健性越高。

塔恩（2012）使用了负债程度和融资约束程度度量债权人的谈判力。借鉴他的研究，我们选择负债程度、公司规模和公司的成长性三个指标来衡量债权人与债务人的相对谈判力。当被债务诉讼的公司负债程度较高时，陷入财务困境的可能性更大，债权人更担心债务人由于陷入财务困境不能偿还到期债务所造成的损失，因此，债权人的相对谈判力更强，更会要求债务人提高公司透明度和采取更谨慎的会计政策；当被债务诉讼的公司规模较小时，一方面债务诉讼给小公司带来的声誉损失更大，另一方面公司规模小也说明融资约束更严重，因此，公司规模小的公司在债务诉讼过程中有动机表现更好，以降低声誉的损失和减轻融资约束程度；当被债务诉讼的公司的成长性高时，对融资的需求更高，成长潜力也更大，更会维系与债权人的良好关系，以保证融资需求。综上分析，我们认为当公司由于债务违约被起诉后，负债程度高、公司规模小、成长性好的公司，相对债权人的谈判力更弱，此种情形有利于债权人保护自身权利，有利于债务契约的执行，给予债务人更多的压力，从而迫使违约公司提高公司透明度、采取更为谨慎的会计政策和改善公司治理，因此有利于股价崩盘风险的降低。所以，我们提出假设：

H3：债权人相对谈判力强（债务人的负债程度高、公司规模小、成长性高）时，债务诉讼降低股价崩盘风险作用更为显著。

6.3 研究设计

6.3.1 样本选择与数据来源

债务诉讼数据来源于Wind的"诉讼仲裁"数据库，我们根据"案件

名称"和"案件简介"判断公司被诉讼是否由于债务违约被起诉，剔除
非债务诉讼的观测记录，之后，我们进行了如下数据处理：（1）剔除上市
公司作为担保人被起诉的样本，只保留上市公司为借款人的观测记录；
（2）为了避免处于财务困境公司对本书研究的影响，剔除 ST 公司样本；
（3）若公司在同一年存在 1 次以上（包括 1 次）的债务诉讼，则 $SUIT_t$ 取
值为 1。由于 2001 年以前的债务诉讼记录较少[①]，本章只保留 2001 年之后
的研究样本。

其他财务数据来源于 *CSMAR* 数据库。我们选取了 2001～2011[②] 年中
国 A 股上市公司作为研究样本，并与前文提到的债务诉讼样本合并，未被
债务诉讼的公司，$SUIT_t$ 取值为 0。随后，我们将合并的样本进行了如下
数据处理：剔除金融行业；为了估计股价崩盘风险的数值，参照吉恩和梅
耶斯（2006），剔除每年不足 30 个周收益率的样本；剔除数据缺失样本；
对连续变量上下 1% 采用 Winsorize 方法处理异常值。我们共获得观测记录
12800 条，其中未被债务诉讼样本 12072 条，被债务诉讼样本 728 条。具
体样本分布参见（表 6-1）。

表 6-1 样本分布

				Panel A：行业分布[③]								
	A	B	C	D	E	F	G	H	J	K	L	M	Total
Suit = 0												
N	251	287	6793	538	208	515	727	874	818	379	123	559	12072
Suit = 1												
N	10	20	310	42	16	19	41	62	102	38	11	57	728
%	3.831	6.515	4.364	7.241	7.143	3.558	5.339	6.624	11.087	9.113	8.209	9.253	5.688

					Panel B：年度分布					
	2001	2002	2003	2004	2005	2006	2007	2008	2009	2010	Total
Suit = 0											
N	949	1022	1099	1090	1158	1179	1265	1346	1397	1567	12072

[①] Wind 的"诉讼仲裁"数据库起始于 1997 年，涉及债务诉讼的公司数量：1997 年 4 家，
1998 年 6 家，1999 年 9 家，2000 年 15 家。

[②] 由于在后文的回归中股价崩盘风险需要超前 1 期，所以除了股价崩盘风险指标需要用到
2011 年数据外，其他数据样本期间为 2001～2010 年。

[③] 行业分类采取证监会行业分类标准，其中，A. 农、林、牧、渔业；B. 采掘业；C. 制造
业；D. 电力、煤气及水的生产和供应业；E. 建筑业；F. 交通运输、仓储业；G. 信息技术业；
H. 批发和零售贸易；J. 房地产业；K. 社会服务业；L. 传播与文化产业；M. 综合类。

	2001	2002	2003	2004	2005	2006	2007	2008	2009	2010	Total
					Panel B：年度分布						
Suit = 1											
N	75	72	41	108	118	45	32	74	90	73	728
%	7.324	6.581	3.596	9.015	9.248	3.676	2.467	5.211	6.052	4.451	5.688

6.3.2　研究变量

1. 股价崩盘风险

我们借鉴陈等（2001）和金姆等（2011a，b）的方法度量股价崩盘风险，具体过程如下：

第一步，求股票 i 在第 t 周的特定收益率（firm-specific weekly return）为 $W_{i,t}$。具体的，$W_{i,t} = Ln(1 + \varepsilon_{i,t})$，$\varepsilon_{i,t}$ 为模型（6-1）估计的残差项。

$$r_{i,t} = \alpha_i + \beta_{1,i} r_{m,t-2} + \beta_{2,i} r_{m,t-1} + \beta_{3,i} r_{m,t} + \beta_{4,i} r_{m,t+1} + \beta_{5,i} r_{m,t+2} + \varepsilon_{i,t}$$

$$(6-1)$$

其中，$r_{i,t}$ 为个股 i 第 t 周的收益率，$r_{m,t}$ 为市场第 t 周流通市值加权的平均收益率，在模型（1）中加入市场收益的超前项和滞后项是为了减轻非同步交易可能带来的偏差（Dimson，1979）。

第二步，计算股价崩盘风险 $NCSKEW$ 和 $DUVOL$。$NCSKEW$ 采用公式（6-2）计算，$NCSKEW$ 数值越大，崩盘风险越高。

$$NCSKEW_{i,t} = -\frac{\left[n(n-1)^{\frac{3}{2}} \sum W_{i,t}^3 \right]}{\left[(n-1)(n-2)\left(\sum W_{i,t}^2 \right)^{\frac{3}{2}} \right]} \quad (6-2)$$

其中 n 为股票 i 每年的交易周数。

$DUVOL$ 的计算过程：首先将公司 i 在某一年度内的所有周数按每周的特定股票回报率 $W_{i,t}$ 是否高于该年所有周特定回报率的均值划分为两类：一是低于该年特定周回报率均值的周数（"down" weeks）；二是高于该年特定周回报率均值的周数（"up" weeks）。其次，分别计算这两类样本周特定回报率的标准差。最后，$DUVOL$ 等于"down" weeks 的特定周回报率的标准差与"up" weeks 的特定周回报率的标准差的比值的对数。$DUVOL$ 的数值越大，说明股价崩盘的风险越大。具体表达式如下：

$$DUVOL_{i,t} = \log\left\{\frac{\left[(n_u - 1)\sum_{DOWN} W_{i,t}^2\right]}{\left[(n_d - 1)\sum_{UP} W_{i,t}^2\right]}\right\} \qquad (6-3)$$

其中，$n_u(n_d)$ 为股票 i 的周特有收益 $W_{i,t}$ 大于（小于）年平均收益 W_i 的周数。

2. 债务诉讼

用虚拟变量 $SUIT_t$ 表示，若公司在当年存在 1 次或 1 次以上的债务诉讼，则 $SUIT_t$ 取值为 1，否则取值为 0。

3. 盈余管理

首先利用修正的琼斯模型（Dechow et al.，1995）分年度分行业回归，见式（6-4），然后将模型（6-4）估计出来的回归系数代入式（6-5）计算出操控性应计 $DA_{i,t}(DisAcc_{i,t})$，$DA_{i,t}$ 表示盈余管理程度。

$$\frac{TA_{i,t}}{Asset_{i,t-1}} = \alpha_0 \times \frac{1}{Asset_{i,t-1}} + \beta_1 \times \frac{\Delta Sales_{i,t}}{Asset_{i,t-1}} + \beta_2 \times \frac{PPE_{i,t}}{Asset_{i,t-1}} + \varepsilon_{i,t} \quad (6-4)$$

$$DiscAcc_{i,t} = \frac{TA_{i,t}}{Asset_{i,t-1}} - \left(\hat{\alpha}_0 \frac{1}{Asset_{i,t-1}} + \hat{\beta}_1 \times \frac{\Delta Sales_{i,t} - \Delta Rec_{i,t}}{Asset_{i,t-1}} + \hat{\beta}_2 \times \frac{PPE_{i,t}}{Asset_{i,t-1}}\right)$$
$$(6-5)$$

其中，TA 为总应计项目，等于营业利润减去经营活动产生的净流量；$ASSET_{i,t-1}$ 为公司上年期末总资产；$\Delta SALES_{i,t}$ 为当年营业收入与上年营业收入的差额；$\Delta RECEIVEABLES$ 为应收账款增长额；PPE 为固定资产原值。

4. 会计稳健性

根据卡恩和瓦特（Khan and Watts，2009），我们采用 $CSCORE$ 度量会计稳健性，$CSCORE$ 值越大，会计稳健性越强。具体而言，首先，运用模型（6-6）进行年度横截面回归估计出回归系数，然后将每年估计出的 λ_1、λ_2、λ_3 和 λ_4 代入模型（6-7）计算出 $CSCORE$ 数值。

$$\begin{aligned}
X_i = &\ \beta_1 + \beta_2 * D_i + R_i(\mu_1 + \mu_2 * SIZE_i + \mu_3 * M/B_i + \mu_4 * LEV_i) \\
&+ D_i * R_i * (\lambda_1 + \lambda_2 * SIZE_i + \lambda_3 * M/B_i + \lambda_4 * LEV_i) \\
&+ (\delta_1 * SIZE_i + \delta_2 * M/B_i + \delta_3 * LEV_i + \delta_4 * D_i * SIZE_i \\
&+ \delta_5 * D_i * M/B_i + \delta_6 * D_i * LEV_i) + \varepsilon_i \qquad (6-6)
\end{aligned}$$

$$CSCORE = \lambda_1 + \lambda_2 * SIZE_i + \lambda_3 * M/B_i + \lambda_4 * LEV_i \qquad (6-7)$$

其中 X_i 等于 $EPS/P_{i,t-1}$，EPS 为每股盈余，等于公司营业利润除以发行在外的股票数量，$P_{i,t-1}$ 为上一年期末股票收盘价。R_i 表示公司从 t 年 5 月到 $t+1$ 年 4 月市场调整的股票回报率，$R_i = \prod_{t,5}^{t+1,4}(1+r_{i,t}) - \prod_{t,5}^{t+1,4}(1+r_{m,t})$，$r_{i,t}$ 为个股考虑现金红利再投资的月个股回报率，$r_{m,t}$ 为月市场回报率。当 R_i 小于 0 时，D_i 取值为 1，否则取值为 0。$SIZE_i$ 为公司期末总资产的自然对数，M/B_i 为市账比，LEV_i 为公司资产负债率。

5. 法律环境

本章采用樊纲等《中国市场化指数——各地区市场化相对进程 2011 年报告》中的法律环境指数衡量各地区的法律环境，该书提供了 1997～2009 年的法律环境指数，根据本书的样本期间，2001～2009 年的法律环境指数直接取自于该书，2010 年法律环境指数以 2009 年法律环境指数替代。

6. 债权人的相对谈判力

根据前文的"理论分析和假设发展"部分的推理和塔恩（2012）对债权人相对谈判力（bargaining power）的度量指标，本章采用负债程度（Lev）、公司规模（$Size$）和成长性（MB）三个指标度量债权人的相对谈判力，具体而言，债务违约被诉讼公司的负债程度越高、公司规模越小、成长性越高，债权人的相对谈判力越高。

7. 控制变量

根据陈等（2001）、哈顿等（2009）和金姆等（2011a，b）等文献，我们在回归模型中控制了如下变量：

股票月平均超额换手率 $DTURN$，陈等（2001）和金姆等（2011a，b）发现其与崩盘风险正相关；股票周公司特有收益的标准差 $SIGMA$，公司特有收益的波动性越高，股价未来的崩盘风险越大；股票周平均公司特有收益 RET，股票过去的收益率越高，将来发生崩盘的可能性越大；股票年末总资产的自然对数 $SIZE_{i,t}$，公司规模越大，股价崩盘风险越大；市账比 MB，MB＝（年末的股票价格×流通股数量＋每股净资产×非流通股数量）/账面权益价值，成长型股票在将来发生崩盘风险的可能性更高；年末的资产负债率 LEV，LEV＝负债账面价值/公司总资产；总资产收益率 ROA。哈顿等（2009）发现，LEV 和 ROA 均与股价崩盘风险负相关。此外，我们加入年度哑变量及行业虚拟变量[①]。各变量的具体定义和度量如表6-2所示。

表6-2　　　　　　　　　　　　变量定义

变量	变量说明
NCSKEW	股价崩盘风险指标1，计算公式参见正文（6-2），该值越大，股价崩盘风险越大
DUVOL	股价崩盘风险指标2，计算公式参见正文（6-3），该值越大，股价崩盘风险越大
SUIT	若公司当年遭受1次或1次以上债务诉讼，取值为1，否则，取值为0
DA	修正琼斯模型计算的操控性应计，详细计算过程参见正文模型（6-4）和（6-5）
CSCORE	Khan and Watts（2009）采用的会计稳健性指标，计算过程参见正文模型（6-6）和（6-7）
DTURN	月平均超额换手率，为第 t 年股票 i 的月平均换手率与第 $t-1$ 年股票 i 的月平均换手率的差
SIGMA	股票的收益波动，为公司年所有周特有收益率的标准差，周特有收益率的计算：$W_{i,t}=Ln(1+\varepsilon_{i,t})$，$\varepsilon_{i,t}$ 为正文模型（6-1）估计的残差项
RET	平均周特有收益率，周特有收益率的计算：$W_{i,t}=Ln(1+\varepsilon_{i,t})$，$\varepsilon_{i,t}$ 为正文模型（6-1）估计的残差项
SIZE	期末总资产自然对数
MB	市账比，$MB=$（第 t 年末的股票价格×流通股数量＋每股净资产×非流通股数量）/账面权益价值
LEV	资产负债率
ROA	息税前利润除以期末总资产
LAWINDEX	《中国市场化指数——各地区市场化相对进程2011年报告》中的法律环境指数，2010年法律环境指数以2009年法律环境指数替代

6.3.3　研究模型

借鉴陈等（2001）、哈顿等（2009）和金姆等（2011a，b）等文献，我们构建了模型（6-8）来检验债务诉讼对股价崩盘风险的影响。$CRASHRISK_{i,t+1}$ 为未来1期的股价崩盘风险，本章采用 NCSKEW 和 DUVOL 两个指标度量股价崩盘风险。

$$CRASHRISK_{i,t+1} = \alpha_0 + \beta_1 * SUIT_{i,t} + \beta_2 * DTURN_{i,t} + \beta_3 * NCSKEW_{i,t}$$
$$+ \beta_4 * SIGMA_{i,t} + \beta_5 * RET_{i,t} + \beta_5 * SIZE_{i,t} + \beta_6 * MB_{i,t}$$
$$+ \beta_7 * LEV_{i,t} + \beta_8 * ROA_{i,t} + INDUSTRY + YEAR + \varepsilon_{i,t}$$

$$(6-8)$$

---

① 采用证监会的行业划分标准，并将制造业按照两位代码细分，共21个行业，设置20个行业哑变量。

6.4 实证结果与分析

6.4.1 描述性统计

表6-3报告了描述性统计结果。股价崩盘风险指标1（NCSKEW）的均值为-0.081，中位数为-0.057，股价崩盘风险指标2（DUVOL）的均值（中位数）为-0.057（-0.054），这两个指标的取值分布与许年行等（2012）类似，均值和中位数略大，说明我国的股价崩盘风险有增加趋势（我们的样本期间大于许年行等（2012））。$SUIT_t$的均值为0.006，表明我们的样本中5.7%由于债务违约被起诉。盈余管理指标（DA_t）的均值和中位数大于0，说明整体而言，我国上市公司存在调高盈余的现象。会计稳健性指标（CSCORE）的最小值为-6.550，最大值为3.880，标准差为0.797，由此可以看出样本中公司采取的会计政策稳健程度差异较大。法制环境指数（$LAWINDEX_t$）的标准差为4.717，最小值为1.780，最大值为19.890，表明各地区法制环境不均衡，这有利于检验法制环境对债务诉讼与股价崩盘风险的影响。

表6-3 描述性统计

变量	样本量	均值	中位数	标准差	最小值	最大值
$NCSKEW_{t+1}$	12800	-0.081	-0.066	0.663	-2.085	1.727
$DUVOL_{t+1}$	12800	-0.057	-0.054	0.476	-1.254	1.112
$SUIT_t$	12800	0.057	0.000	0.232	0.000	1.000
DA_t	12767	0.006	0.005	0.099	-0.504	0.487
$CSCORE_t$	12800	0.357	0.137	0.797	-6.550	3.880
$DTURN_t$	12800	0.021	0.005	0.182	-0.474	0.532
$NCSKEW_t$	12800	-0.061	-0.047	0.672	-2.159	1.753
$SIGMA_t$	12800	0.046	0.044	0.018	0.017	0.100
RET_t	12800	-0.001	-0.001	0.001	-0.005	0.000
$SIZE_t$	12800	21.400	21.279	1.092	18.948	24.657
MB_t	12800	1.637	1.302	0.945	0.815	6.065
LEV_t	12800	0.501	0.504	0.205	0.073	1.197
ROA_t	12800	0.047	0.050	0.074	-0.294	0.279
$LAWINDEX_t$	12800	8.265	7.110	4.717	1.780	19.890

6.4.2　债务诉讼与股价崩盘风险

此部分我们检验债务诉讼与股价崩盘风险的关系和债务诉讼影响股价崩盘风险的具体路径。

首先，我们按照模型（6-8）进行多元回归，实证结果见表6-4。表6-4的回归（1）和回归（3）是没有控制行业年度的回归结果，回归（2）和回归（4）是控制了行业年度的回归结果。从中可以看出，债务诉讼的哑变量与股价崩盘风险的回归系数依次为 -0.055、-0.056、-0.034 和 -0.029，显著程度在5%以上，可见，公司被债务诉讼后，股价崩盘风险显著降低，支持假设H1。

其次，我们检验债务诉讼影响股价崩盘风险的具体路径。我们采取了单变量检验和分组进行多元回归的方法。表6-5比较了被债务诉讼的公司和没有被债务诉讼的公司的盈余管理和会计稳健性的差异。表6-5的A栏是盈余管理的比较，可以发现，被债务起诉的公司操控性应计为负，没有被债务起诉的公司的操控性应计为正，且两者差异，不管是均值还是中位数，均在1%程度上显著，说明债务诉讼的公司降低了夸大企业业绩的动机。表6-5的B栏列示了会计稳健性的比较结果，从中可以发现，债务诉讼公司的会计稳健性显著高于非债务诉讼公司的会计稳健性，均值和中位数的差异都在1%程度显著。那么，盈余管理和会计稳健性是否是债务诉讼影响股价崩盘风险的具体路径？为此，我们将样本按盈余管理方向分为正向盈余管理（$DA>0$）和负向盈余管理（$DA<0$）两组，并按会计稳健性高低①分为高会计稳健性组（$High$）和低会计稳健性（Low）两组。从表6-6可以发现，当操控性应计小于0（隐藏好消息）和会计稳健性高时，债务诉讼能显著降低股价崩盘风险，但操控性应计大于0（隐藏了坏消息）和会计稳健性低时，债务诉讼与股价崩盘风险的关系不显著，假设H1a和H1b得到验证。表6-5和表6-6的结果说明会计稳健性和盈余管理是债务诉讼影响股价崩盘风险的路径。

从表6-4和表6-6结果的控制变量上来看，公司规模（$SIZE_t$）基本上显著为负，说明大公司的股价崩盘风险更低；市值账面比（MB_t）与股价崩盘风险基本上显著为正，这与金姆等（2011a, b）的研究发现一致。

---

①　按会计稳健性的中位数分高低两组。

表6-4   债务诉讼与股价崩盘风险

变量	(1) $NCSKEW_{t+1}$	(2) $NCSKEW_{t+1}$	(3) $DUVOL_{t+1}$	(4) $DUVOL_{t+1}$
$SUIT_t$	-0.055 ** (-2.53)	-0.056 *** (-2.98)	-0.034 ** (-2.43)	-0.029 *** (-3.11)
$DTURN_t$	0.563 *** (2.88)	0.035 (0.69)	0.454 *** (2.76)	0.042 (1.03)
$NCSKEW_t$	0.021 (1.32)	0.017 (0.99)	0.014 (1.14)	0.010 (0.83)
$SIGMA_t$	-4.443 * (-1.95)	-0.241 (-0.23)	-3.456 * (-1.79)	-0.662 (-0.90)
RET_t	0.110 (0.43)	0.607 *** (4.32)	-0.402 * (-1.93)	-0.028 (-0.25)
$SIZE_t$	-0.066 *** (-3.14)	-0.035 * (-1.91)	-0.056 *** (-3.33)	-0.034 ** (-2.21)
MB_t	0.033 (1.62)	0.043 *** (3.28)	0.018 (1.01)	0.026 ** (2.19)
LEV_t	0.092 ** (2.16)	0.047 (1.28)	0.064 * (1.92)	0.027 (1.05)
ROA_t	-0.017 (-0.09)	-0.087 (-0.58)	-0.035 (-0.25)	-0.106 (-0.91)
INDUSTRY	NO	YES	NO	YES
YEAR	NO	YES	NO	YES
CONSTANT	1.428 *** (2.99)	0.796 ** (2.04)	1.227 *** (3.16)	0.803 ** (2.41)
N	12800	12800	12800	12800
R^2	0.041	0.086	0.051	0.107

注：括号内为 T 值，标准误差经过了公司和年度的 Cluster 调整，*、**、*** 分别表示10%、5%和1%水平显著。

表6-5   单变量检验

	A栏：盈余管理比较（DA）			B栏：会计稳健性比较（CSCORE）	
	N	均值	中位数	均值	中位数
$SUIT_t=0$	12072	0.004	0.004	0.349	0.132
$SUIT_t=1$	728	-0.007	-0.011	0.498	0.235
DIFF	12800	0.011 ***	0.015 ***	-0.149 ***	-0.103 ***

表6-6　债务诉讼与股价崩盘风险：盈余管理与会计稳健性的影响

| | 盈余管理的影响 | | | | 会计稳健性的影响 | | | |
| | (1) | (2) | (3) | (4) | (5) | (6) | (7) | (8) |
	$NCSKEW_{t+1}$ $DA_t<0$	$NCSKEW_{t+1}$ $DA_t>0$	$DUVOL_{t+1}$ $DA_t<0$	$DUVOL_{t+1}$ $DA_t>0$	$NCSKEW_{t+1}$ Low	$NCSKEW_{t+1}$ $High$	$DUVOL_{t+1}$ Low	$DUVOL_{t+1}$ $High$
$SUIT_t$	-0.061** (-2.06)	-0.044 (-1.42)	-0.035* (-1.82)	-0.019 (-0.79)	-0.042 (-1.20)	-0.061** (-2.22)	-0.019 (-1.39)	-0.033* (-1.73)
$DTURN_t$	0.074 (0.93)	-0.010 (-0.21)	0.056 (0.88)	0.022 (0.70)	-0.046 (-0.76)	0.119* (1.77)	-0.014 (-0.23)	0.100* (1.91)
$NCSKEW_t$	0.022 (1.09)	0.011 (0.59)	0.009 (0.67)	0.009 (0.76)	0.016 (1.24)	0.017 (0.66)	0.007 (0.76)	0.012 (0.61)
$SIGMA_t$	-1.015 (-0.66)	0.417 (0.55)	-0.697 (-0.61)	-0.657 (-1.35)	-1.054 (-1.52)	1.039 (1.04)	-1.153 (-0.96)	0.158 (0.21)
RET_t	0.624*** (4.08)	-0.419 (-0.11)	-0.007 (-0.05)	0.062 (0.02)	0.503 (1.06)	3.915 (0.82)	-0.091 (-0.60)	1.825 (0.41)
$SIZE_t$	-0.034** (-2.20)	-0.034 (-1.48)	-0.026* (-1.74)	-0.041** (-2.39)	-0.040*** (-3.78)	-0.025 (-0.90)	-0.037*** (-3.19)	-0.029 (-1.44)
MB_t	0.049*** (3.30)	0.038** (2.49)	0.034*** (3.06)	0.020 (1.38)	0.038*** (3.56)	0.077*** (2.63)	0.023 (1.57)	0.048** (2.13)
LEV_t	0.047* (1.82)	0.063 (0.87)	0.020 (0.69)	0.046 (1.11)	0.040 (0.94)	0.017 (0.27)	0.036 (1.31)	-0.002 (-0.03)
ROA_t	-0.085 (-0.91)	-0.127 (-0.37)	-0.122 (-1.35)	-0.092 (-0.42)	-0.144 (-1.22)	-0.051 (-0.42)	-0.148 (-0.79)	-0.076 (-0.85)

续表

	盈余管理的影响				会计稳健性的影响			
	(1)	(2)	(3)	(4)	(5)	(6)	(7)	(8)
	$NCSKEW_{t+1}$	$NCSKEW_{t+1}$	$DUVOL_{t+1}$	$DUVOL_{t+1}$	$NCSKEW_{t+1}$	$NCSKEW_{t+1}$	$DUVOL_{t+1}$	$DUVOL_{t+1}$
	$DA_t < 0$	$DA_t > 0$	$DA_t < 0$	$DA_t > 0$	Low	High	Low	High
INDUSTRY	YES	YES	YES	YES	YES	YES	YES	YES
YEAR	YES	YES	YES	YES	YES	YES	YES	YES
CONSTANT	0.713*	0.813*	0.575	0.979***	1.078***	0.237	0.992***	0.485
	(1.77)	(1.65)	(1.53)	(2.66)	(4.68)	(0.38)	(3.86)	(1.09)
N	6243	6557	6243	6557	6207	6593	6207	6593
R^2	0.094	0.083	0.114	0.104	0.108	0.074	0.135	0.092

注：括号内为 T 值，标准误差经过了公司和年度的 Cluster 调整，*、**、*** 分别表示 10%、5% 和 1% 水平显著。

6.4.3　法律环境的影响

为了检验法制环境对债务诉讼与股价崩盘风险关系的影响，我们将样本按照法律环境指数的中位数将样本划分为高法律环境组（*High*）和低法律环境组（*Low*）两个子样本，分别检验债务诉讼对股价崩盘风险的影响。表 6 – 7 的回归（1）和回归（3）是低法律环境组的回归结果，其中，债务诉讼的变量（$SUIT_t$）的系数不显著，说明在当法律环境较差时，即时公司由于违约被起诉，债权人无法对债务人产生实质影响。与此相反，表 6 – 7 的回归（2）和回归（4）中的债务诉讼的变量（$SUIT_t$）的系数在 1% 和 10% 的程度上显著为负，可见，当法律环境比较好时，由于债权人权利保护程度较高、法律增强了契约的执行效率，债权人对债务人产生了重要影响，由此，被债务起诉的公司改善了公司治理、提高了会计稳健性，从而降低了公司坏消息的累积，进而降低了股价崩盘风险。综上，假设 H2 得到实证验证。

表 6 – 7　　　　债务诉讼与股价崩盘风险：法制环境的影响

变量	(1) $NCSKEW_{t+1}$ *Low*	(2) $NCSKEW_{t+1}$ *High*	(3) $DUVOL_{t+1}$ *Low*	(4) $DUVOL_{t+1}$ *High*
$SUIT_t$	– 0.029 (– 1.08)	– 0.081 *** (– 2.61)	– 0.021 (– 0.88)	– 0.035 * (– 1.72)
$DTURN_t$	0.038 (0.57)	0.050 (0.83)	0.021 (0.39)	0.069 (1.55)
$NCSKEW_t$	0.008 (0.42)	0.022 (1.31)	0.009 (0.63)	0.006 (0.59)
$SIGMA_t$	0.094 (0.09)	– 0.543 (– 0.47)	– 0.427 (– 0.52)	– 0.840 (– 0.98)
RET_t	0.617 *** (3.72)	0.973 (0.25)	– 0.032 (– 0.23)	1.575 (0.54)
$SIZE_t$	– 0.017 (– 0.80)	– 0.040 ** (– 2.06)	– 0.023 (– 1.42)	– 0.038 ** (– 2.13)
MB_t	0.064 *** (2.89)	0.031 *** (3.16)	0.043 *** (2.65)	0.016 (1.46)

变量	(1) $NCSKEW_{t+1}$ Low	(2) $NCSKEW_{t+1}$ High	(3) $DUVOL_{t+1}$ Low	(4) $DUVOL_{t+1}$ High
LEV_t	0.032 (0.46)	0.054 (1.16)	0.018 (0.44)	0.033 (0.99)
$INDUSTRY$	YES	YES	YES	YES
$YEAR$	YES	YES	YES	YES
ROA_t	− 0.344 ** (− 2.09)	0.263 (1.37)	− 0.312 *** (− 2.61)	0.182 (1.24)
$CONSTANT$	0.173 (0.40)	0.881 * (1.95)	0.386 (1.16)	0.863 ** (2.13)
N	6591	6209	6591	6209
R^2	0.077	0.097	0.100	0.117

注：括号内为 T 值，标准误差经过了公司和年度的 $Cluster$ 调整，* 、** 、*** 分别表示 10% 、5%和1%水平显著。

6.4.4 债权人相对谈判力的影响

根据前文分析，我们分别将公司的负债程度、公司规模和成长性按照中位数划分为两个子样本，表6-8列示了各个子样本的回归结果。由表6-8可知：（1）表6-8的 A 栏为负债程度高低两组子样本的回归结果，可以发现，在负债程度高组，债务诉讼与股价崩盘风险的关系显著为负，显著程度在5%以上，但是，在负债程度低组，债务诉讼与股价崩盘风险的关系不显著，说明负债程度高时，由于陷入债务困境的可能性更高，债权人具有相对较强的谈判力，从而能对违约企业施加重要影响；（2）表6-8的 B 栏为公司规模大小两组的回归结果，可见，当公司规模较小时，由于违约被起诉后股价崩盘风险显著降低，但若公司规模较大，债务诉讼并不能带来股价崩盘风险的显著降低；（3）表6-8的 C 栏列示了成长性高低两组的回归结果，在成长性高组，债务诉讼哑变量的回归系数分别为 − 0.070 和 − 0.044，显著程度都在1%以上，但成长性低组，债务诉讼与股价崩盘风险的关系不显著，说明成长性高的企业受到债权人更多的影响，从而债务诉讼能降低股价崩盘风险。

综合表6-8的实证结果，我们可以推断债权人能否保护自身合法权益、对债务人施加影响，债权人与债务人的相对谈判力是重要决定因素。当债权人拥有更大的相对谈判力时，债务契约才能有效执行，从而债务诉讼才能显著降低股价崩盘风险，与假设 H3 一致。

表6-8 债务诉讼与股价崩盘风险：债权人谈判力的影响

	A栏：负债程度				B栏：公司规模				C栏：公司成长性			
	(1)	(2)	(3)	(4)	(5)	(6)	(7)	(8)	(9)	(10)	(11)	(12)
	$NCSKEW_{t+1}$	$NCSKEW_{t+1}$	$DUVOL_{t+1}$	$DUVOL_{t+1}$	$NCSKEW_{t+1}$	$NCSKEW_{t+1}$	$DUVOL_{t+1}$	$DUVOL_{t+1}$	$NCSKEW_{t+1}$	$NCSKEW_{t+1}$	$DUVOL_{t+1}$	$DUVOL_{t+1}$
	LOW	HIGH	LOW	HIGH	SMALL	BIG	SMALL	BIG	LOW	HIGH	LOW	HIGH
$SUIT_t$	-0.031	-0.070**	-0.007	-0.041***	-0.067***	-0.033	-0.028**	-0.026	-0.038	-0.070***	-0.011	-0.044***
	(-0.83)	(-3.17)	(-0.28)	(-3.23)	(-4.22)	(-0.72)	(-2.10)	(-0.97)	(-1.12)	(-3.33)	(-0.61)	(-3.03)
$DTURN_t$	0.002	0.054	0.035	0.039	-0.074	0.143**	-0.006	0.093	0.151	-0.021	0.135	0.002
	(0.03)	(0.69)	(0.64)	(0.71)	(-1.07)	(2.27)	(-0.12)	(1.39)	(1.43)	(-0.37)	(1.56)	(0.04)
$NCSKEW_t$	0.005	0.025	0.007	0.011	-0.008	0.034**	-0.004	0.017*	0.008	0.021	0.003	0.012
	(0.33)	(1.40)	(0.63)	(0.80)	(-0.43)	(2.24)	(-0.29)	(1.71)	(0.50)	(0.87)	(0.27)	(0.79)
$SIGMA_t$	0.426	-0.629	-0.641	-0.606	0.108	-0.759	-0.514	-0.973	-0.380	-0.052	-0.720	-0.494
	(0.55)	(-0.45)	(-0.97)	(-0.66)	(0.13)	(-0.55)	(-0.78)	(-1.02)	(-0.36)	(-0.06)	(-1.10)	(-0.79)
RET_t	0.776***	0.345**	0.195	-0.349***	0.299	0.482**	-0.145	-0.273**	0.221	0.674***	-0.358***	0.088
	(2.97)	(2.24)	(1.07)	(-2.82)	(1.33)	(2.29)	(-0.79)	(-2.13)	(1.37)	(2.65)	(-3.27)	(0.43)
$SIZE_t$	-0.040*	-0.031	-0.040**	-0.032*	-0.002	-0.045	-0.011	-0.039*	-0.039	-0.015	-0.044**	-0.016
	(-1.83)	(-1.51)	(-2.47)	(-1.76)	(-0.09)	(-1.64)	(-0.59)	(-1.93)	(-1.51)	(-0.72)	(-2.15)	(-0.87)
MB_t	0.032**	0.055***	0.026***	0.026	0.034**	0.061***	0.024	0.036***	0.107	0.042***	0.032	0.030***
	(2.55)	(2.74)	(2.65)	(1.30)	(2.15)	(3.35)	(1.64)	(3.10)	(0.72)	(3.86)	(0.26)	(2.71)
LEV_t	0.041	-0.076	-0.002	-0.079*	0.020	0.134*	-0.008	0.111**	0.050	0.056	0.055	0.013
	(0.60)	(-1.06)	(-0.04)	(-1.72)	(0.54)	(1.89)	(-0.28)	(2.55)	(0.59)	(1.30)	(1.12)	(0.39)

续表

	A栏：负债程度				B栏：公司规模				C栏：公司成长性			
	(1)	(2)	(3)	(4)	(5)	(6)	(7)	(8)	(9)	(10)	(11)	(12)
	$NCSKEW_{t+1}$	$NCSKEW_{t+1}$	$DUVOL_{t+1}$	$DUVOL_{t+1}$	$NCSKEW_{t+1}$	$NCSKEW_{t+1}$	$DUVOL_{t+1}$	$DUVOL_{t+1}$	$NCSKEW_{t+1}$	$NCSKEW_{t+1}$	$DUVOL_{t+1}$	$DUVOL_{t+1}$
	LOW	HIGH	LOW	HIGH	SMALL	BIG	SMALL	BIG	LOW	HIGH	LOW	HIGH
ROA_t	0.032	-0.173**	-0.061	-0.150***	-0.262**	0.188	-0.222**	0.099	-0.024	-0.127	-0.034	-0.141
	(0.11)	(-2.19)	(-0.27)	(-2.80)	(-2.11)	(0.69)	(-2.54)	(0.43)	(-0.19)	(-0.64)	(-0.32)	(-1.01)
INDUSTRY	YES	YES	YES	YES	YES	YES	YES	YES	YES	YES	YES	YES
YEAR	YES	YES	YES	YES	YES	YES	YES	YES	YES	YES	YES	YES
CONSTANT	0.844*	0.875*	0.941***	0.895**	0.014	0.837	0.285	0.745	0.466	0.280	0.775	0.319
	(1.78)	(1.81)	(2.61)	(2.08)	(0.03)	(1.38)	(0.73)	(1.62)	(0.70)	(0.61)	(1.52)	(0.78)
N	6416	6384	6416	6384	6393	6407	6393	6407	6398	6402	6398	6402
R^2	0.080	0.100	0.102	0.120	0.077	0.100	0.098	0.116	0.101	0.083	0.127	0.103

注：括号内为 T 值，标准误差经过了公司和年度的 Cluster 调整，*、**、***分别表示10%、5%和1%水平显著。

6.5 稳健性检验

为了使本章的实证结果更可靠，我们进行了如下几项稳健性检验：

第一，正文部分检验了债务诉讼对未来 1 年股价崩盘风险的影响，我们进一步检验债务诉讼是否对未来 2 年的股价崩盘风险产生影响。表 6 - 9 报告了未来 2 年股价崩盘风险与当年债务诉讼哑变量的回归结果，可以发现，债务诉讼也能显著降低未来 2 年的股价崩盘风险。说明债务诉讼后，债权治理发挥了显著功效。

表 6 - 9	未来两年的股价崩盘风险			
变量	(1) $NCSKEW_{t+2}$	(2) $NCSKEW_{t+2}$	(3) $DUVOL_{t+2}$	(4) $DUVOL_{t+2}$
$SUIT_t$	-0.069 *** (-3.00)	-0.082 *** (-3.60)	-0.046 ** (-2.00)	-0.056 *** (-3.07)
$DTURN_t$	-0.274 * (-1.86)	-0.044 (-0.75)	-0.188 (-1.49)	-0.065 ** (-2.10)
$NCSKEW_t$	0.013 (0.65)	0.020 (1.53)	0.007 (0.45)	0.015 (1.54)
$SIGMA_t$	-3.666 ** (-2.20)	0.984 ** (1.96)	-3.182 ** (-2.43)	0.378 (0.72)
RET_t	-0.140 (-0.13)	0.026 (0.02)	-0.202 (-1.24)	-0.048 (-0.18)
$SIZE_t$	-0.079 *** (-3.73)	-0.032 * (-1.70)	-0.067 *** (-4.31)	-0.032 ** (-2.17)
MB_t	-0.032 (-1.16)	0.037 *** (3.30)	-0.033 (-1.38)	0.018 ** (2.19)
LEV_t	0.078 (1.41)	0.050 (0.93)	0.055 (1.23)	0.028 (0.71)
ROA_t	0.079 (0.43)	0.146 (1.34)	-0.020 (-0.14)	0.029 (0.26)
INDUSTRY	NO	YES	NO	YES
YEAR	NO	YES	NO	YES

变量	(1) $NCSKEW_{t+2}$	(2) $NCSKEW_{t+2}$	(3) $DUVOL_{t+2}$	(4) $DUVOL_{t+2}$
CONSTANT	1.806 *** (3.85)	0.598 (1.55)	1.561 *** (4.44)	0.679 ** (2.26)
N	10961	10961	10961	10961
R^2	0.036	0.086	0.051	0.111

注：括号内为 T 值，标准误差经过了公司和年度的 Cluster 调整，*、**、*** 分别表示 10%、5%和1%水平显著。

第二，采用 Difference-in-Difference 回归方法。首先，我们为每一条债务诉讼观测记录在同年同行业寻找公司规模最接近的未发生债务诉讼的观测记录进行配对；然后，我们设置虚拟变量 POST，若在诉讼之后，则该值取值为 1，否则为 0。按照下面回归方程（6-9）进行多元回归。为了降低诉讼当年诉讼事件本身的影响，我们将诉讼前一年对应诉讼当年股价崩盘风险的回归进行删除。若方程（9）中的 β_1 显著为负，则说明诉讼之后，股价崩盘风险显著降低。

$$CRASHRISK_{i,t+1} = \alpha_0 + \beta_1 * SUIT_{i,t} * POST + \beta_2 * SUIT_{i,t} + \beta_3 * POST$$
$$+ \beta_4 * DTURN_{i,t} + \beta_5 * NCSKEW_{i,t} + \beta_6 * SIGMA_{i,t}$$
$$+ \beta_7 * RET_{i,t} + \beta_8 * SIZE_{i,t} + \beta_9 * MB_{i,t} + \beta_{10} * LEV_{i,t}$$
$$+ \beta_{11} * ROA_{i,t} + INDUSTRY + YEAR + \varepsilon_{i,t} \qquad (6-9)$$

表6-10 中（1）和（2）为回归结果，从中可以发现，$SUIT_{i,t} * POST$ 的回归系数 β_1 显著为负，说明诉讼之后，股价崩盘风险显著降低。我们也考察了诉讼前后对称的情况，即债务诉讼对诉讼前两年的股价崩盘风险和诉讼后两年的股价崩盘风险的情况。回归结果见表6-10 中（3）和（4），$SUIT_{i,t} * POST$ 的回归系数也显著为负，表明"诉讼之后，股价崩盘风险显著降低"的结论是稳健的。

表6-10 **Difference-in-Difference 方法**

	(1) $NCSKEW_{t+1}$	(2) $DUVOL_{t+1}$	(3) $NCSKEW_{t+1}$	(4) $DUVOL_{t+1}$
$SUIT_{i,t} * POST$	-0.068 ** (-2.02)	-0.041 * (-1.68)	-0.097 *** (-2.69)	-0.065 ** (-2.46)
$SUIT_{i,t}$	-0.003 (-0.11)	-0.003 (-0.16)	-0.020 (-0.62)	-0.017 (-0.88)

续表

	(1) NCSKEW$_{t+1}$	(2) DUVOL$_{t+1}$	(3) NCSKEW$_{t+1}$	(4) DUVOL$_{t+1}$
POST	0.042 (1.60)	0.016 (0.78)	0.050 * (1.69)	0.023 (1.17)
DTURN$_t$	0.016 (0.23)	0.034 (0.69)	− 0.037 (− 0.50)	0.018 (0.31)
NCSKEW$_t$	0.014 (1.16)	0.008 (0.78)	0.015 (0.59)	0.004 (0.24)
SIGMA$_t$	− 0.443 (− 0.61)	− 0.312 (− 0.79)	− 0.268 (− 0.15)	− 0.586 (− 0.40)
RET$_t$	0.923 ** (2.29)	− 0.411 (− 0.38)	0.394 * (1.93)	− 0.367 ** (− 2.37)
SIZE$_t$	− 0.028 *** (− 2.63)	− 0.030 *** (− 3.88)	− 0.040 ** (− 2.30)	− 0.041 ** (− 2.16)
MB$_t$	0.036 *** (2.95)	0.022 ** (2.39)	0.008 (0.37)	− 0.003 (− 0.13)
LEV$_t$	0.062 (1.44)	0.014 (0.46)	0.086 (1.61)	0.025 (0.70)
ROA$_t$	− 0.066 (− 0.51)	− 0.023 (− 1.14)	0.194 (0.99)	0.038 (0.29)
INDUSTRY	YES	YES	YES	YES
YEAR	YES	YES	YES	YES
CONSTANT	0.586 ** (2.42)	0.715 *** (4.13)	0.713 * (1.69)	0.797 * (1.65)
N	6083	6083	2544	2544
R^2	0.090	0.106	0.096	0.119

注：括号内为 T 值，标准误差经过了公司和年度的 Cluster 调整，* 、** 、*** 分别表示 10%、5% 和 1% 水平显著。

第三，我们采用巴苏（Basu，1997）的方法度量会计稳健性，巴苏（1997）的模型如下：

$$X_i = \beta_1 + \beta_2 * D_i + \beta_2 * R_i + \beta_3 * D_i * R_i + \varepsilon_i \qquad (6-10)$$

为了检验债务诉讼对会计稳健性的影响，我们构造了模型（6-11）：

$$X_i = \beta_1 + \beta_2 * D_i + \beta_2 * R_i + \beta_3 * D_i * R_i + \beta_4 * SUIT$$
$$+ \beta_5 * SUIT * D_i + \beta_6 * SUIT * D_i * R_i + \varepsilon_i \qquad (6-11)$$

模型（6-10）和模型（6-11）的变量定义参见模型（6-6）的变量定义，我们预期 β_6 的系数显著为正。由表6-11可知，β_6 的系数显著为正，显著程度在1%，说明债务诉讼提高了会计稳健性，与正文结论一致。

表6-11   **Basu（1997）模型**

	(1) X_i
R_i	0.001 (0.46)
D_i	-0.019*** (-10.37)
$D_i * R_i$	0.006 (1.40)
$SUIT_t$	-0.021*** (-4.23)
$SUIT_i * D_i$	0.020** (2.59)
$SUIT_i * D_i * R_i$	0.087*** (4.22)
INDUSTRY	YES
YEAR	YES
CONSTANT	0.007 (1.30)
N	12678
R^2	0.068

注：括号内为 T 值，＊、＊＊、＊＊＊分别表示10%、5%和1%水平显著。

6.6   本章小结

本章研究了由于债务违约导致的法律诉讼对股价崩盘风险的影响，并深入考察法律环境和债权人相对谈判力对债务诉讼与股价崩盘风险关系的影响。通过2001~2011年中国A股非金融行业上市公司的研究样本，经过一系列实证检验，笔者发现：（1）债务诉讼后，股价崩盘风险显著降低；（2）盈余管理和会计稳健性是债务诉讼降低股价崩盘风险的路径；

（3）只有当法律环境好时，债务诉讼才能降低股价崩盘风险；（4）债权人相对谈判力强时，债务诉讼才能显著降低股价崩盘风险，具体而言，当债务人负债程度高、公司规模小和成长性好时，债务诉讼后，股价崩盘风险显著降低，反之，债务诉讼与股价崩盘风险关系不显著。

本章的研究发现不仅具有重要的理论意义，而且对稳定金融市场、促进我国资本市场健康发展具有重要的现实启示。第一，本章利用债务诉讼的数据发现债务诉讼会对股价崩盘风险产生影响，说明我国债权治理发挥了作用，因此，可以从债权人角度思考如何降低股价崩盘风险，这为相关政策部门制定政策提供了重要的方向性启示。第二，本章的研究发现债权治理发挥作用的前提是需要完善的法律环境，因此，今后可以进一步完善我国相关法律的立法和执法，提高债权人利益保护程度，为债权治理提供良好的制度环境。第三，本章发现债权债务人间的相对谈判力是影响债务契约执行的重要因素，故当债权人处于弱势时，在执行债务契约应适当考虑其他手段以保证契约的执行。总而言之，发挥债权人降低股价崩盘风险的作用既要考虑外在的制度环境，也需要特别注意债权人的谈判实力。

第7章

结　语

本章是结语部分。本章首先对全书的研究内容进行系统总结，以对全书有全面了解。之后根据本书的研究结论提出政策启示，以期对相关政策部门提供政策建议。最后对本书的研究局限进行说明，并阐述未来可研究的方向。

7.1　研究结论

股价崩盘风险的研究是近年来财务学的一个重要的理论和现实问题。加强对股价崩盘风险的研究对促进资本市场健康发展和经济的平稳快速发展具有重要意义。以前的学术文献主要从信息不对称、市场摩擦和投资者行为心理的角度研究股价崩盘风险，抑或将股价崩盘风险与宏观环境、国家政策等外部环境联系起来，从企业内部的微观视角研究股价崩盘风险的文献甚少。实际上，企业作为经济实体的重要构成部分，是资本市场上的不可取代的参与者，企业的行为毋庸置疑会对资本市场产生影响。吉恩和梅耶斯（2006）提出信息透明度和公司治理共同影响了股价崩盘风险。特别是最近会计丑闻和金融危机的爆发，一些学者开始从企业内部因素和公司治理角度研究股价崩盘风险。对于中国，恶劣的公司信息环境与中国的特有制度密切相关（Piotroski and Wong，2011）。为此，本书结合中国的制度背景，从代理问题视角研究了中国上市公司的股价崩盘风险问题。影响公司信息披露的主要利益相关者是股东、管理者和债权人，本书从这三类利益相关者产生的代理问题角度出发研究股价崩盘风险。

首先，本书考察了股东与管理层的代理问题（即第一类代理问题）与股价崩盘风险的关系。股东与管理层的利益冲突在于作为理性经济人的管理者不完全按照股东利益行事，存在谋取私利的行为。最近的媒体频繁报道的"天价薪酬"、"天价酒"、"天价灯"、"天价名片"和"天价车"事件使大家关注到管理者显性薪酬和隐性薪酬中的代理问题。为此，笔者首先区分产权性质，研究了超额薪酬、超额在职消费和股价崩盘风险的关系，并考察了非效率投资、外部治理机制和 CEO 持股对三者关系的影响。通过实证研究发现：国有企业中，正向超额薪酬和超额在职消费与股价崩盘风险显著正相关，而负向超额薪酬和超额在职消费与股价崩盘风险无关；民营企业中，超额薪酬和超额在职消费与股价崩盘风险无显著关系；非效率投资高时，国有企业中正向超额薪酬和超额在职消费与股价崩盘风险显著正相关，但是非效率投资低时，之间的关系不显著；市场化进程的推进、机构投资者持股比例的增加和雇佣国际四大会计师事务所等外部治理机制的增强和 CEO 持股有利于减轻管理者显性薪酬和隐性薪酬中的代理问题，从而减弱正向超额薪酬和正向超额在职消费与股价崩盘风险的正相关关系；以上结论在经过改变超额薪酬、超额在职消费等稳健性检验后依然成立。进一步的拓展性研究还表明正向超额在职消费对股价崩盘风险的影响程度超过正向超额薪酬对股价崩盘风险的影响程度。

其次，本书考察了大股东与中小股东的代理问题（即第二类代理问题）与股价崩盘风险的关系。金字塔结构是新兴市场国家的典型组织结构，中国情况亦如此。由于中国金字塔结构的普遍存在性和众多学术文献在研究大股东与中下股东代理问题时以金字塔结构为依托，本书研究了金字塔结构与股价崩盘风险的关系，重点指出了在中国国有企业的金字塔结构和民营企业的金字塔结构形成原因和经济后果存在巨大差异，本书分别研究了国有企业和民营企业金字塔结构与股价崩盘风险的关系，并考察了财务报告透明度、关联交易、香港上市等因素对国有企业金字塔层级与股价崩盘风险关系的影响。实证研究表明：对于国有企业的金字塔结构，金字塔层级与股价崩盘风险显著负相关，财务报告透明度越低、关联交易越多，金字塔层级与股价崩盘风险的负相关关系减弱，香港上市可以增强金字塔层级与股价崩盘风险的负相关关系；对于民营企业的金字塔结构，金字塔层级与股价崩盘风险无显著线性关系。上述结论，在经过用两权分离代替金字塔层级、改变关联交易度量方法和采用工具变量减轻内生性的等稳健性检验测试后依然成立。进一步的拓展性检验还表明：国有企业的金字塔层级能降低股价同步性；民营企业的金字塔层级与股价崩盘风险、股价同步性呈倒"U"型关系。

最后，本书从债权治理视角考察了股东—债权人代理问题对股价崩盘风险的影响。债权人作为影响财务报告信息质量重要利益相关者，债权人能否影响股价崩盘风险？特别是债权治理得到西方财务学者的推崇和证实，但是在中国，由于债权人缺乏保护、司法体系缺乏效率、债务执行成本很高，中国的文献关于债权治理能否发挥作用，结论并不一致。本书采用债务诉讼这一外生事件检验债权治理能否降低股价崩盘风险，若能降低，它们之间的影响机制是什么？之后考察法律环境和债权人与债务人相对谈判能力对债务诉讼与股价崩盘风险关系的影响。一系列的实证研究发现：债务诉讼可以显著降低股价崩盘风险；盈余管理和会计稳健性是债务诉讼降低股价崩盘风险的重要路径；法律环境的改善有利于债务诉讼降低股价崩盘风险；债务诉讼显著降低股价崩盘风险只在债权人拥有强的谈判力时成立。以上结论经过延长股价崩盘风险预测期间、采用 *Difference-in - Difference* 回归方法和改变会计稳健性度量方法和区分盈余管理方向等稳健性检验，结论未变。

7.2 政 策 启 示

本书基于代理问题视角研究股价崩盘风险，上述结论主要有以下几个方面的政策启示：

第一，进一步加强高管薪酬的监管，防止高管在获取显性薪酬和隐性薪酬过程中的代理问题，提高显性薪酬与隐性薪酬的信息披露程度。长期以来，人们将显性薪酬和隐性薪酬作为高管激励契约的重要制度安排，实际上，显性薪酬和隐性薪酬也在一定范围内对提高高管的积极性、降低高管代理问题、提高公司价值方面发挥积极作用。但是"昨天解决问题的方法可能为今天的问题埋下祸根"（Kim et al. , 2011b），基于短期业绩的货币薪酬制度安排可能增加了高管的短期机会主义行为或者采用盈余管理的方法夸大公司业绩，加剧高管的代理问题，恶化了公司的财务报告透明度。此外，高管过高的薪酬也可能是高管过高权力导致的，中国上市公司的内部人控制问题非常严重，因此，"高管权力论"对中国的失败的薪酬契约具有较好的解释力，为了降低高管的"天价薪酬"引起社会"愤怒成本"的增加，高管常采用非常隐蔽的方式追求货币性收益和非货币性收益，有必要限制中国上市公司高管权力的膨胀。此外，中国的货币薪酬和在职消费的披露很不规范，这也助长了高管通过货币薪酬和在职消费获取私人收益的行为。加强对高管薪酬和在职消费的信息披露，也是中国未来薪酬制度改革的可行路径。进一步，高管薪酬中的代理问题除了从薪酬本身角度考虑改善方法外，还可以从加强高管权力的控制和监管、改善公司治理结构和利用媒体监督等方式降低高管显性和隐性薪酬中的代理问题。

第二，推进中国上市公司外部治理机制的改进，降低上市公司的代理问题，能有效降低股价崩盘风险。本书研究显示在市场化程度高、机构投资者比例大和雇佣四大会计师事务所的公司，正向超额薪酬和正向超额在职消费与股价崩盘风险的正相关关系不显著，表明良好的外部治理机制能有效遏制代理问题产生的负面影响。这为近年来财务学所强调的外部治理机制作用的分析框架提供了来自中国的证据（Gillan，2006）。也有助于中国的政策部门提高外部治理重要性的认识。

第三，降低政府干预，放松政府管制，进一步推进国企改革。中国的一个重要制度安排是"政府控制"，中国的国有企业改革也是在不断地降低政府控制程度。大量的文献支持了降低政府干预的正面经济后果。随着"放权让利"的改革，国有企业的金字塔层级不断地延长，越低层的企业表现出越"民营企业"的灵活性。本书的研究发现国有企业金字塔层级的增大能降低股价崩盘风险，提供了降低政府干预在股价崩盘风险上的正面经济后果。因此，放松政府管制，降低政府干预是未来国企改革的重要方向。

第四，提高公司的信息透明度，特别是公司财务报告透明度，这是中国上市公司努力的方向，加强对上市公司的财务报告透明度可作为监管部门的重要监管内容。本书发现虽然国有企业的金字塔结构层级增加可以降低股价崩盘风险，但是财务报告透明度的恶化会降低两者的负相关关系。因此，加强对上市公司财务信息质量的审查和出台提高公司财务信息透明度的政策势在必行。虽然中国最近几年在财务会计准则的国际趋同和上市公司的信息披露方面做了不少努力，但是近年来出现的财务造假丑闻依然表明监管部门和政策部门在提高公司财务信息报告透明度方面需要进一步努力。

第五，有必要加强对企业集团或金字塔结构中关联交易的监管。关联交易是企业集团中大股东"掏空"或"支持"上市公司的常见手段。本书发现国有企业金字塔结构中的上市公司的关联销售会减弱国有企业降低股价崩盘风险的作用，表明利用关联销售夸大公司业绩的"支持"行为对信息环境产生不利影响。因此，应进一步出台整治关联交易的相关法律规定，并有效推行之。

第六，进一步开放资本市场，吸引外国投资者，健全我国资本市场。本书的研究表明香港上市有助于国有企业金字塔层级降低股价崩盘风险，说明成熟的资本市场、良好的投资者素质是我国资本市场可进一步发展的方向。外国投资者对我国上市公司治理的改进和资本市场信息环境的改善作用得到一批学术文献的经验验证。对于逐步开放和还处于初级阶段的我国资本市场而言，发展外国投资者对我国资本市场的健康稳定发展具有可观的增量贡献。

第七，民营企业金字塔结构的经济后果，需要区分不同的情境加以分析。本书的研究发现民营企业的金字塔层级与股价崩盘风险、股价同步性具有倒"U"型关系，说明民营企业金字塔导致的两权分离的扩大所带来的经济后果并非总是负面的，处于民营企业金字塔底层的上市公司可能因为预期到投资者对其负面影响的看法更有动机提高信息透明度，因此，投资者在投资民营企业时，需要综合考虑上市公司所处的金字塔层级和所提供的信息披露程度。

第八，积极推动中国债券市场的发展，加强对债权人的保护，改善债权人保障自我权利的外在法制环境。长期以来，相关部门忽视了债权的治理作用。本书的研究表明债权治理能降低股价崩盘风险，并且只当法制环境好时，债权治理才能降低股价崩盘风险。因此，如何进一步改善债权治理发挥的外在制度环境尚需引起相关部门的足够重视。

7.3　研究局限与未来研究方向

本书的研究局限体现在以下几个方面：

第一，本书选择超额薪酬和超额在职消费反映第一类代理问题、金字塔结构反映第二类代理问题并不全面。在现有的财务学文献中第一类代理问题和第二类代理问题的研究内容很丰富，具体的研究视角也很多，本书选择薪酬中的代理问题和金字塔结构产生的代理问题并不能全面反映代理问题与股价崩盘风险的关系，这是囿于篇幅和中国制度特殊性考虑的结果。

第二，本书对民营企业金字塔结构与股价崩盘风险关系的研究挖掘不够，具体的影响机理还有待进一步研究。本书考察了民营企业金字塔层级与股价崩盘风险的线性和非线性关系，但是只是限于理论分析，缺乏具体影响机理的实证检验，比如什么情形下民营企业金字塔层级与股价崩盘风险正相关，什么情形下民营企业金字塔层级与股价崩盘风险负相关都是有趣和有待挖掘的研究内容。

第三，用债务诉讼反映债权治理，虽然选择外生事件解决了一定的内生性，但是债务诉讼可能还包含其他噪音。使用债务违约的数据而未发生诉讼的样本得出的结论更为干净，但是限于违约数据获取的难度，本书选择由于债务违约而被起诉的样本作为研究对象是次优选择，未来待中国上市公司债务违约数据库的建立，可进一步推进研究。

第四，股价崩盘风险的度量指标借鉴国外文献，并且在国内文献中也被采用，不可否认，股价崩盘风险的度量指标若再进一步考虑中国的制度背景会更合适，比如考虑中国的跌停板制度的影响。

本书未来的研究方向，可以考虑从以下几个方面拓展：

第一，代理问题的其他视角研究股价崩盘风险。代理问题视角对股价崩盘风险的解读是：管理者或大股东基于获取私利（比如管理者的薪酬最大化、职业生涯和帝国构建；大股东侵占小股东利益）的目的，存在隐藏公司坏消息的行为，但是隐藏坏消息是有成本的，存在一个临界点，当坏消息不能再隐藏时，坏消息突然全部释放出来，导致股价暴跌。因此本书选择的超额薪酬和超额在职消费、金字塔结构中的代理问题只是冰山一角，还可从其他代理问题视角展开研究，比如高管任期的不同阶段，高管隐藏公司坏消息的动机不同，是否会导致股价崩盘风险的差异？企业高管为获取政治身份或政治升迁是否隐藏坏消息？高管在收购、多元化等投资过程中的代理问题是否引起股价崩盘风险？公司在 IPO 或定向增发等融资过程中的代理问题又会怎样影响股价崩盘风险？这些问题都有助于我们理解股价崩盘风险的影响因素和具体的高管或大股东行为对资本市场稳定的影响。

第二，从中国的特有制度出发研究股价崩盘风险。皮奥特洛斯基和黄（2011）指出中国的信息环境差、股价崩盘风险高与中国的一些制度相关，文中指出影响中国上市公司财务报告信息质量的关键制度主要有：国家所有权、政府控制资本市场、市场规范制度较差、产权保护较低、缺乏独立审计、关系网络和政治关联的重要性。因此，后续研究可以根据这些中国的特殊制度展开对中国上市公司股价崩盘风险的研究，对如何在现有中国制度背景下降低股价崩盘风险和促进资本市场健康稳定发展具有重大意义。

第三，从非正式制度、高管的行为或心理特征视角研究股价崩盘风险。在关注正式制度的同时，历史发展过程中积累下来的宗教、文化、习俗和惯例等非正式制度构成了正式制度发挥作用的土壤，甚至和正式制度一样推动了社会的演进（陈冬华等，2012）。同样地，传统的代理理论无法解释相同行业、规模接近和投资机会接近的公司表现大相径庭，高管的行为或心理特征可以解释公司行为的差异。而股价崩盘风险是由于公司隐藏坏消息的动机产生的，隐藏坏消息的动机与高管的伦理行为或者公司所在地的文化、宗教等非正式制度有关。因此，从非正式制度、高管的行为或心理特征视角研究股价崩盘风险是一有趣和重要的话题。

参 考 文 献

1. 蔡祥、李志文、张为国：《中国实证会计研究述评》，载《中国会计与财务研究》2003 年第 2 期。

2. 曹裕、陈晓红、万光羽：《控制权、现金流权与公司价值—基于企业生命周期的视角》，载《中国管理科学》2010 年第 3 期。

3. 陈冬华、陈信元、万华林：《国有企业中的薪酬管制与在职消费》，载《经济研究》2005 年第 2 期。

4. 陈冬华、胡小莉、梁上坤、新夫：《宗教传统与公司治理》，经济研究工作论文，2012 年。

5. 陈小悦、肖星、过晓艳：《配股权与上市公司利润操纵》，载《经济研究》2000 年第 1 期。

6. 陈晓、戴翠玉：《A 股亏损公司的盈余管理行为与手段研究》，载《中国会计评论》2004 年第 2 期。

7. 陈晓、王琨：《关联交易、公司治理与国有股改革》，载《经济研究》2005 年第 4 期。

8. 陈晓红、尹哲、吴旭雷：《"金字塔结构"、家族控制与企业价值——基于沪深股市的实证分析》，载《南开管理评论》2007 年第 5 期。

9. 陈信元、黄俊：《政府管制与企业垂直整合—刘永行〈炼铝〉的案例分析》，载《管理世界》2006 年第 2 期。

10. 程仲鸣、夏新平、余明桂：《政府干预金字塔结构与地方国有上市公司投资》，载《管理世界》2008 年第 9 期。

11. 戴亦一、潘越：《金字塔结构、最终控制者性质与盈余操纵》，载《经济管理》2009 年第 10 期。

12. 邓莉、张宗益、李宏胜：《银行债权的公司治理效应研究——来自中国上市公司的经验证据》，载《金融研究》2007 年第 1 期。

13. 樊纲、王小鲁、朱恒鹏：《中国市场化指数——各地区市场化相对进程 2011 年报告》，经济科学出版社 2011 年版。

14. 方军雄：《高管权力与企业薪酬变动的非对称性》，载《经济研究》2011 年第 4 期。

15. 方军雄：《中国上市公司高管的薪酬存在粘性吗?》，载《经济研究》2009 年第 3 期。

16. 冯旭南：《债务融资和掠夺——来自中国家族上市公司的证据》，载《经济学（季刊）》2012 年第 3 期。

17. 高雷、宋顺林：《关联交易、线下项目与盈余管理——来自中国上市公司的经验证据》，载《中国会计评论》2008 年第 1 期。

18. 高燕：《所有权结构、终极控制人与盈余管理》，载《审计研究》2008 年第 6 期。

19. 谷祺、邓德强、路倩：《现金流权与控制权分离下的公司价值——基于我国家族上市公司的实证研究》，载《会计研究》2006 年第 4 期。

20. 郭剑花、杜兴强：《政治联系、预算软约束与政府补助的配置效率》，载《金融研究》2011 年第 2 期。

21. 韩亮亮、李凯、徐业坤：《金字塔结构、融资替代与资本结构——来自中国民营上市公司的经验证据》，载《南开管理评论》2008 年第 6 期。

22. 胡奕明、林文雄、李思琦、谢诗蕾：《大贷款人角色：我国银行具有监督作用吗?》，载《经济研究》2008 年第 10 期。

23. 胡奕明、谢诗蕾：《银行监督效应与贷款定价——来自上市公司的一项经验研究》，载《管理世界》2005 年第 5 期。

24. 胡奕明、周伟：《债权人监督：贷款政策与企业财务状况——来自上市公司的一项经验研究》，载《金融研究》2006 年第 4 期。

25. 黄俊、陈信元：《集团化经营与企业研发投资——基于知识溢出与内部资本市场视角的分析》，载《经济研究》2011 年第 6 期。

26. 黄乾富、沈红波：《债务来源、债务期限结构与现金流的过度投资》，载《金融研究》2009 年第 9 期。

27. 黄世忠：《上市公司会计信息质量面临的挑战与思考》，载《会计研究》2001 年第 10 期。

28. 姜付秀、黄继承：《经理激励、负债与企业价值》，载《经济研究》2011 年第 5 期。

29. 蒋义宏、魏刚：《净资产收益率与配股条件》，上海财经大学出版社 1998 年版。

30. 李丹蒙：《金字塔控股结构与公司透明度》，载《经济评论》2008

年第 3 期。

31. 李世辉、雷新途：《两类代理成本、债务治理及其可观测绩效的研究——来自我国中小上市公司的经验证据》，载《会计研究》2008 年第 5 期。

32. 李小荣、刘行：《CEO vs CFO：性别与股价崩盘风险》，载《世界经济》2012 年第 12 期。

33. 李延喜、包世泽、高锐、孔宪京：《薪酬激励、董事会监管与上市公司盈余管理》，载《南开管理评论》2007 年第 10 期。

34. 李增泉、辛显刚、于旭辉：《金融发展、债务融资约束与金字塔结构》，载《管理世界》2008 年第 1 期。

35. 李增泉、叶青、贺卉：《企业关联、信息透明度与股价特征》，载《会计研究》2011 年第 1 期。

36. 李智：《中国现代企业集团》，中国商业出版社 1994 年版。

37. 刘慧龙、张敏、王亚平、吴联生：《政治关联、薪酬激励与员工配置效率》，载《经济研究》2010 年第 9 期。

38. 刘芍佳、孙霈、刘乃全：《终极产权论、股权结构与公司绩效》，载《经济研究》2003 年第 4 期。

39. 刘星、刘理、豆中强：《控股股东现金流权、控制权与企业资本配置决策研究》，载《中国管理科学》2010 年第 6 期。

40. 刘行、李小荣：《金字塔结构、税收负担与企业价值——基于地方国有企业的证据》，载《管理世界》2012 年第 8 期。

41. 刘运国、吴小云：《终极控制人、金字塔控制与控股股东的"掏空"行为研究》，载《管理学报》2009 年第 12 期。

42. 卢锐：《管理层权力、薪酬差距与绩效》，载《南方经济》，2007 年第 7 期。

43. 卢锐、魏明海、黎文靖：《管理层权力、在职消费与产权效率》，载《南开管理评论》2008 年第 5 期。

44. 陆建桥：《中国亏损上市公司盈余管理实证研究》，载《会计研究》1999 年第 9 期。

45. 吕长江、赵宇恒：《国有企业管理者激励效应研究——基于管理者权力的解释》，载《管理世界》2008 年第 11 期。

46. 罗党论、唐清泉：《金字塔结构、所有制与中小股东利益保护——来自中国上市公司的经验证据》，载《财经研究》2008 年第 9 期。

47. 罗党论、唐清泉：《中国民营上市公司制度环境与绩效问题研究》，载《经济研究》2009 年第 2 期。

48. 罗宏、黄文华：《国企分红、在职消费与公司业绩》，载《管理世界》2008 年第 9 期。

49. 罗玫、陈运森：《建立薪酬激励机制会导致高管操纵利润吗?》，载《中国会计评论》2010 年第 1 期。

50. 马忠、陈彦：《金字塔结构下最终控制人的盘踞效应与利益协同效应》，载《中国软科学》2008 年第 5 期。

51. 马忠、吴翔宇：《金字塔结构对自愿性信息披露程度的影响：来自家族控股上市公司的经验验证》，载《会计研究》2007 年第 1 期。

52. 毛世平、吴敬学：《金字塔结构控制与公司价值——来自于中国资本市场的经验证据》，载《经济管理》2008 年第 14 期。

53. 潘越、戴亦一、林超群：《信息不透明、分析师关注与个股暴跌风险》，载《金融研究》2011 年第 9 期。

54. 权小锋、吴世农、文芳：《管理层权力、私有收益与薪酬操纵》，载《经济研究》2010 年第 11 期。

55. 沈艺峰、许年行、杨熠：《我国中小投资者法律保护历史实践的实证检验》，载《经济研究》2004 年第 9 期。

56. 孙亮、柳建华：《银行业改革、市场化与信贷资源的配置》，载《金融研究》2011 年第 1 期。

57. 孙永祥：《公司治理结构：理论和实证研究》，三联书店 2002 年版。

58. 孙铮、刘凤委、汪辉：《债务、公司治理与会计稳健性》，载《中国会计与财务研究》2005 年第 2 期。

59. 唐松、杨勇、孙铮：《金融发展、债务治理与公司价值——来自中国上市公司的经验证据》，载《财经研究》2009 年第 6 期。

60. 天则经济研究所课题组：《国有企业的性质、表现与改革》，2011 年。

61. 田侃、李泽广、陈宇峰：《"次优"债务契约的治理绩效研究》，载《经济研究》2010 年第 8 期。

62. 田利辉：《杠杆治理、预算软约束和中国上市公司绩效》，载《经济学（季刊）》2004 年第 3 期。

63. 田利辉：《国有产权、预算软约束和中国上市公司杠杆治理》，载《管理世界》2005 年第 7 期。

64. 田利辉：《制度变迁、银企关系和扭曲的杠杆治理》，载《经济学

（季刊）》2005 年第 4 卷增刊。

    65. 童盼、陆正飞：《负债融资、负债来源与企业投资行为——来自中国上市公司的经验证据》，载《经济研究》2005 年第 5 期。

    66. 汪辉：《上市公司债务融资、公司治理与市场价值》，载《经济研究》2003 年第 8 期。

    67. 汪炜、蒋高峰：《信息披露、透明度与资本成本》，载《经济研究》2004 年第 7 期。

    68. 王海霞、王化成：《我国债权人利益法律保护的评价体系研究》，载《兰州商学院学报》2009 年第 1 期。

    69. 王克敏、王志超：《高管控制权、报酬与盈余管理——基于中国上市公司的实证研究》，载《管理世界》2007 年第 7 期。

    70. 王鹏、周黎安：《控股股东的控制权、所有权与公司绩效：基于中国上市公司的证据》，载《金融研究》2006 年第 2 期。

    71. 王清刚、胡亚君：《管理层权力与异常高管薪酬行为研究》，载《中国软科学》2011 年第 10 期。

    72. 王彦超、林斌、辛清泉：《市场环境、民事诉讼与盈余管理》，载《中国会计评论》2008 年第 1 期。

    73. 魏明海：《盈余管理基本理论及其研究述评》，载《会计研究》2000 年第 9 期。

    74. 吴联生、林景艺、王亚平：《薪酬外部公平性、股权性质与公司业绩》，载《管理世界》2010 年第 3 期。

    75. 吴育辉、吴世农：《高管薪酬：激励还是自利？》，载《会计研究》2011 年第 11 期。

    76. 肖作平：《所有权和控制权的分离度、政府干预与资本结构选择——来自中国上市公司的实证证据》，载《南开管理评论》2010 年第 5 期。

    77. 肖作平、廖理：《大股东、债权人保护和公司债务期限结构选择——来自中国上市公司的经验证据》，载《管理世界》2007 年第 10 期。

    78. 谢德仁、陈运森：《金融生态环境、产权性质与负债的治理效应》，载《经济研究》2009 年第 5 期。

    79. 辛清泉、谭伟强：《市场化改革、企业业绩与国有企业经理薪酬》，载《经济研究》2009 年第 11 期。

    80. 徐星美、李晏墅：《金字塔结构和权益资本成本：理论分析与经验证据》，载《财贸经济》2010 年第 5 期。

81. 许年行、江轩宇、伊志宏、徐信忠：《分析师利益冲突、乐观偏差与股价崩盘风险》，载《经济研究》2012 年第 7 期。

82. 许年行、江轩宇、伊志宏、袁清波：《政治关联影响投资者法律保护的执法效率吗?》，载《经济学》（季刊）2013 年第 2 期。

83. 杨旭东、莫小鹏：《新配股政策出台后上市公司盈余管理现象的实证研究》，载《会计研究》2006 年第 8 期。

84. 叶勇、胡培、谭德庆、黄雷：《控制权和现金流量权偏离下的公司价值和公司治理》，载《管理工程学报》2007 年第 1 期。

85. 游家兴、罗胜强：《金字塔股权结构、地方政府税收努力与控股股东资金占用》，载《管理科学》2007 年第 1 期。

86. 余明桂、夏新平：《控股股东、代理问题与关联交易》，载《南开管理评论》2004 年第 6 期。

87. 曾庆生、陈信元：《国家控股、超额雇员与劳动力成本》，载《经济研究》2006 年第 5 期。

88. 张华、张俊喜、宋敏：《所有权和控制权分离对企业价值的影响——我国民营上市企业的实证研究》，载《经济学（季刊）》2004 年第 3 卷。

89. 张瑞君、李小荣：《金字塔结构、业绩波动与信用风险》，载《会计研究》2012 年第 3 期。

90. 张维迎：《企业理论与中国企业改革》，北京大学出版社 2000 年版。

91. 张昕：《中国亏损上市公司第四季度盈余管理的实证研究》，载《会计研究》2008 年第 4 期。

92. 张宗益、黄新建：《我国上市公司首次公开发行股票中的盈余管理实证研究》，载《中国软科学》2003 年第 10 期。

93. 赵春光：《资产减值与盈余管理——论资产减值准则的政策含义》，载《会计研究》2006 年第 3 期。

94. 赵莹、韩立岩、胡伟洁：《治理机制、特殊治理水平与财务报告的稳健性》，载《会计研究》2007 年第 11 期。

95. 郑国坚：《基于效率观和掏空观的关联交易与盈余质量关系研究》，载《会计研究》2009 年第 10 期。

96. 郑国坚：《市场化改革的微观作用机制：关联交易视角》，载《中国会计评论》2011 年第 3 期。

97. 郑志刚：《新兴市场分散投资者投资"金字塔结构"公司的激励》，载《经济研究》2005 年第 4 期。

98. 钟海燕、冉茂盛、文守逊：《政府干预、内部人控制与公司投资》，载《管理世界》2010 年第 7 期。

99. 朱茶芬、李志文：《国家控股对会计稳健性的影响研究》，载《会计研究》2008 年第 5 期。

100. 祝继高：《会计稳健性与债权人利益保护——基于银行与上市公司关于贷款的法律诉讼的研究》，载《会计研究》2011 年第 5 期。

101. Adithipyangkul P., Alon I., Zhang T., Executive Perks: Compensation and Corporate Performance in China. *Asia Pacific Journal of Management*, Vol. 28, No. 2, 2011, pp. 401 – 425.

102. Aghion P., Bolton P., An Incomplete Contracts Approach to Financial Contracting. *Review of Economic Studies*, Vol. 59, No. 3, 1992, pp. 473 – 494.

103. Ahmed A. S., Billings B. K., Morton R. M., Stanford – Harris M., The Role of Accounting Conservatism in Mitigating Bondholder-shareholder Conflicts over Dividend Policy and in Reducing Debt Costs. *The Accounting Review*, Vol. 77, No. 4, 2002, pp. 867 – 890.

104. Allen F., Qian J., Qian M., Law, Finance, and Economic Growth in China. *Journal of Financial Economics*, Vol. 77, No. 1, 2005, pp. 57 – 116.

105. Almeida H. V., Wolfenzon D., A Theory of Pyramidal Ownership and Family Business Groups. *Journal of Finance*, Vol. 61, No. 6, 2006, pp. 2637 – 2679.

106. An H., Zhang T., Stock Price Synchronicity, Crash Risk, and Institutional Investors. *Journal of Corporate Finance*, Vol. 21, No. 1, 2013, pp. 1 – 15.

107. Armstrong C. S., Guay W. R., Weber J. P., The Role of Information and Financial Reporting in Corporate Governance and Debt Contracting. *Journal of Accounting and Economics*, Vol. 50, No. 2 – 3, 2010, pp. 179 – 234.

108. Ashbaugh H., Collins D., LaFond R., The effects of Corporate Governance on Firms' Credit Ratings. *Journal of Accounting and Economics*, Vol. 42, 2006, pp. 203 – 243.

109. Attig, Najah, Klaus F., Yoser G., On The Determinants of Py-

ramidal Ownership: Evidence on Dilution of Minority Interests. Working paper, 2003.

110. Bae K. H. , Kang J. K. , Kim J. M. , Tunneling or Value Added? Evidence from Mergers by Korean Business Groups. *Journal of Finance*, Vol. 57, No. 6, 2002, pp. 2695 – 2740.

111. Bae, K. H. , Goyal, V. K. , Creditor Rights, Enforcement, and Bank Loans. *The Journal of Finance*, Vol. 2, 2009, pp. 823 – 860.

112. Baek J. S. , Kang J. K. , Lee I. , Business Groups and Tunneling: Evidence from Private Securities Offerings by Korean Chaebols. *Journal of Finance*, Vol. 61, No. 5, 2006, pp. 2415 – 2449.

113. Bai C. E. , Xu L. C. , Incentives for CEOs with Multitasks: Evidence from Chinese state-owned Enterprises. *Journal of Comparative Economics*, Vol. 33, No. 3, 2005, pp. 517 – 539.

114. Ball R. , Robin A. , Wu J. , Accounting standards, the Institutional Environment and Issuer Incentives: Effect of Timely Loss Recognition in China. *Asia – Pacific Journal of Accounting and Economics*, Vol. 7, 2001, pp. 71 – 96.

115. Ball R. , Robin A. , Sadka G. , Is Financial Reporting Shaped by Equity Markets or by Debt Markets? An International Study of Timeliness and Conservatism. *Review of Accounting Studies*, Vol. 13, 2008, pp. 168 – 205.

116. Beatty A. , Weber J. , Yu J. J. , Conservatism and Debt. *Journal of Accounting and Economics*, Vol. 45, 2008, pp. 154 – 174.

117. Bebchuk L. A. , Fried J. M. , Executive Compensation as An Agency Problem. NBER Working Paper, 2003.

118. Bebchuk L. A. , Fried J. M. , Pay Without Performance: Overview of the Issues. Working Paper of Harvard University, 2004.

119. Bebchuk L. A. , Fried J. M. , Walker D. I. , Managerial Power and Rent Extraction in the Design of Executive Compensation. *University of Chicago Law Review*, Vol. 69, 2002, pp. 751 – 846.

120. Bergstresser D. , Philippon T. , CEO Incentives and Earnings Management. *Journal of Financial Economics*, Vol. 80, 2006, pp. 511 – 529.

121. Berkman H. , Cole R. A. , Fu L. J. , Political Connections and Minority – Shareholder Protection: Evidence from Securities – Market Regulation in

China. *Journal of Financial and Quantitative Analysis*, Vol. 45 No. 6, 2010, pp. 1391 – 1417.

122. Berle A. , Means G. , *The Modern Corporation and Private Property*. New York, 1932.

123. Bertrand, Marianne, Paras M. , Sendhil M. , Ferreting Out Tunneling: An Application to Indian Business Groups. *Quarterly Journal of Economics*, Vol. 117 No. 1, 2002, pp. 121 – 48.

124. Bharath S. T. , Sunder J. , Sunder S. , Accounting Quality and Debt Contracting. *The Accounting Review*, Vol. 83, 2008, pp. 1 – 28.

125. Bianco, Magda, Giovanna, Nicodano, Pyramidal Groups and Debt. *European Economic Review*, Vol. 50, 2006, pp. 937 – 961.

126. Bleck A. , Liu X. , Market Transparency and the Accounting Regime. *Journal of Accounting Research*, Vol. 45, 2007, pp. 229 – 256.

127. Burns N. , Kedia S. , The Impact of Performance-based Compensation on Misreporting. *Journal of Financial Economics*, Vol. 79, 2006, pp. 35 – 67.

128. Bushman R. , Piotroski J. , Financial Reporting Incentives for Conservative Accounting: The Influence of Legal and Political Institutions. *Journal of Accounting and Economics*, Vol. 42 No. 1/2, 2006, pp. 107 – 148.

129. Bushman R. M. , Piotroski J. D. , Smith A. J. , What Determines Corporate Transparency? . *Journal of Accounting Research*, Vol. 42 No. 2, 2004, pp. 207 – 252.

130. Callen J. L. , Fang X. , Institutional Investors and Crash Risk: Monitoring or Expropriation? . SSRN Working Paper, 2011.

131. Chava S. , Roberts M. R. , How Does Financing Impact Investment? The Role of Debt Covenants. *Journal of Finance*, Vol. 63 No. 5, 2008, pp. 2085 – 2121.

132. Chen D. H. , Li O. Z. , Liang S. K. , Do Managers Perform for Perks? . Nanjing University and University of Arizona working paper, 2010.

133. Chen J. , Hong H. , Stein J. , Forecasting Crashes: Trading Volume, Past Returns, and Conditional Skewness in Stock Prices. *Journal of Financial Economics*, Vol. 61, 2001, pp. 345 – 381.

134. Chen D. , Li Z. , Liang S. , Do Managers Perform for Perks. University of Arizona and Nanjing University Working Paper, 2010.

135. Chen H. , Chen J. Z. , Lobo G. J. , Wang, Y. , Association Between Borrower and Lender State Ownership and Accounting Conservatism. *Journal of Accounting Research*, Vol. 48 No. 5, 2010, pp. 973 – 1014.

136. Chen Z. , Du J. , Li D. , Ouyang R. , Does Foreign Institutional Ownership Increase Return Volatility? Evidence from China. *Journal of Banking and Finance*, Vol. 37, 2013, pp. 660 – 669.

137. Cheung Y. L. , Rau P. R. , Stouraitis A. , Tunneling, Propping, and Expropriation: evidence from Connected Party Transactions in Hong Kong. *Journal of Financial Economics*, Vol. 82, 2006, pp. 343 – 386.

138. Chow I. H. , Chinese Workers' Attitudes towards Compensation Practices in The People's Republic Of China. *Employee Relations*, Vol. 14 No. 3, 1992, pp. 41 – 55.

139. Claessens S. , Djankov S. , Lang H. , The Separation of Ownership and Control in East Asian Corporations. *Journal of Financial Economics*, Vol. 58 No. 1 – 2, 2000, pp. 81 – 112.

140. Claessens S. , Djankov S. , Fan J. P. H. , Lang L. H. P. , Disentangling the Incentive and Entrenchment Effects of Large Shareholdings. *Journal of Finance*, Vol. 57 No. 6, 2002, pp. 2741 – 2771.

141. Conyon M. J. , He L. , Executive Compensation and Corporate Governance in China. *Journal of Corporate Finance*, Vol. 17, 2011, pp. 1158 – 1175.

142. Core J. E. , Guay W. , Larcker D. F. , The Power of the Pen and Executive Compensation. *Journal of Financial Economics*, Vol. 88, 2008, pp. 1 – 25.

143. Dechow P. , Sloan R. , Sweeney A. , Detecting Earnings Management. *Accounting Review*, Vol. 70, 1995, pp. 193 – 225.

144. DeFond M. , Hung M. , Li S. , Li Y. , Does Mandatory IFRS Adoption Affect Crash Risk? . SSRN Working Paper, 2011.

145. Dimson E. , Risk Measurement When Shares are Subject to Infrequent Trading. *Journal of Financial Economics*, 1979, Vol. 7, pp. 197 – 226.

146. Djankov S. , Hart O. , McLieshet C. , Shleifer A. , Debt Enforcement around the World. *Journal of Political Economy*, Vol. 116 No. 6, 2008, pp. 1105 – 1149.

147. Djankov S. , La Porta R. , Lopez-de – Silanes F. , Shleifer A. , Courts. *Quarterly Journal of Economics*, Vol. 118, 2003, pp. 453 – 517.

148. Edgerton J. , Agency Problem in Public Firms: Evidence from Corporate Jets in Leveraged Buyouts. *Journal of Finance*, Vol. 67, No. 6, 2012, pp. 2187 – 2213.

149. Efendi J. , Srivastava A. , Swanson E. , Why do Corporate Managers Misstate Financial Statements? The Role of Option Compensation and other Factors. *Journal of Financial Economics*, Vol. 85, 2007, pp. 667 – 708.

150. Esty B. , Megginson W. L. , Creditor Rights, Enforcement, and Debt Ownership Structure: Evidence from the Global Syndicated Loan Market. *Journal of Financial Quantative Analysis*, Vol. 38 No. 1, 2003, pp. 37 – 59.

151. Faccio M. , Masulis R. W. , McConnell J. J. , Political Connections and Corporate Bailouts. *Journal of Finance*, Vol. 61 No. 6, 2006, pp. 2597 – 2635.

152. Faccio M. , Lang L. , The Ultimate Ownership of Western European Corporations, *Journal of Financial Economics*, Vol. 65, 2002, pp. 365 – 395.

153. Fama E. F. , Agency Problems and the Theory of the Firm. *Journal of Political Economy*, Vol. 88 No. 2, 1980, pp. 288 – 307.

154. Fan Joseph P. H. , Wong T. J. , Zhang Tianyu, Institutions and Organizational Structure: The Case of State – Owned Corporate Pyramid. *The Journal of Law, Economics, & Organization*, 2012, Accepted.

155. Fang X. , Liu Y. , Xin B. , Does the Sarbanes – Oxley Act Mitigate Firm-specific Crash Risk and Improve the Timeliness of Disclosure in Bad Economic News? . SSRN Working Paper, 2010.

156. Ferreira M. A. , Laux P. A. , Corporate Governance, Idiosyncratic Risk and Information Flow. *Journal of Finance*, Vol. 62 No. 2, 2007, pp. 951 – 989.

157. Fields T. , Lys T. , Vincent L. , Empirical Research on Accounting Choice. *Journal of Accounting and Economics*, Vol. 31, 2001, pp. 255 – 307.

158. Firth, M. , Fung, P. M. Y. , and Rui, O. M. , Corporate Performance and CEO Compensation in China. *Journal of Corporate Finance*, Vol. 12, 2006, pp. 693 – 714.

159. Francis B. , Hasan I. , Li L. , Firms' Real Earnings Management and Subsequent Crashes in Stock Price. SSRN Working Paper, 2012.

160. Francis B. , Kabiawu D. , Managerial Optimism and Its Ipact on Stock Price Crash Risk. SSRN Working Paper, 2012.

161. Francis J. , LaFond R. , Olsson P. , Schipper K. , The market Pricing of Accruals Quality. *Journal of Accounting and Economics*, Vol. 39, 2005, pp. 295 – 327.

162. Gillan S. L. , Recent Developments in Corporate Governance: An Overview. *Journal of Corporate Finance*, Vol. 12, 2006, pp. 381 – 402.

163. Gompers P. , Ishii J. , Metrick A. , Corporate Governance and Equity Prices. *Quarterly Journal of Economics*, Vol. 118, 2003, pp. 107 – 155.

164. Gopalan R. , Jayaraman S. , Private Control Benefits and Earnings Management: Evidence from Insider Controlled Firms. *Journal of Accounting Research*, Vol. 50 No. 1, 2012, pp. 117 – 157.

165. Gordon E. A. , Henry E. , Related Party Transactions and Earnings Management. Rutgers University and University of Miami Working paper, 2005.

166. Graham J. R. , Li S. , Qiu J. , Corporate misreporting and bank loan contracting. *Journal of Financial Economics*, Vol. 89, 2008, pp. 4 – 61.

167. Grinstein Y. , Weinbaum D. , Yehuda N. , Perks and Excess: Evidence from the New Executive Compensation Disclosure Rules. Cornell University Working Paper, 2008.

168. Grossman S. , Hart, O. , Corporate Financial Structure and Managerial Incentives, in Mccall, ed. . *Economics of Information and Uncertainty*, 1982.

169. Grossman S. J. , Hart O. D. , Takeover Bids, The Free – Rider Problem, and the Theory of the Corporation. *Bell Journal of Economics*, Vol. 11 No. 3, 1980, pp. 42 – 64.

170. Gu Z. , Wang K. , Xiao X. , Government Control and Executive Compensation: Evidence from China. University of Minnesota and Tsinghua University Working paper, 2010.

171. Gul F. A. , Cheng L. T. W. , Leung T. Y. , Perks and the Informativeness of Stock Prices in the Chinese Market. *Journal of Corporate Finance*, Vol. 17, 2011, pp. 1410 – 1429.

172. Gul F. A. , Tsui J. S. L. , Su X. , Rong M. , Legal Protection, Enforceability and Tests of the Debt Hypothesis: An International Study. SSRN Working Paper, 2002.

173. Gul F. A. , Kim J – B, Qiu A. A. , Ownership Concentration, Foreign Shareholding, Audit Quality, and Stock Price Synchronicity: Evidence from China. *Journal of Financial Economics*, Vol. 95, 2010, pp. 425 – 442.

174. Hackenbrack K. , Jenkins N. T. , Pevzner M. , Relevant but Delayed Information in Negotiated Audit Fees: evidence from Stock Price Crashes. SSRN Working Paper, 2011.

175. Harris M. , Raviv A, Capital Structure and the Informational Role of Debt. *The Journal of Finance*, Vol. 45 No. 2, 1990, pp. 321 – 349.

176. Hart O. , Financial Contracting. *Journal of Economic Literature*, Vol. 39 No. 4, 2001, pp. 1079 – 1100.

177. Hartzel J. , Starks L. T. , Institutional Investors and Executive Compensation. *Journal of Finance*, Vol. 58 No. 6, 2002, pp. 2351 – 2374.

178. Haw I. W. , Hu B. , Hwang L. S. , Wu, W. , Ultimate Ownership, Income Management, and Legal and Extra – Legal Institutions. *Journal of Accounting Research*, Vol. 42 No. 2, 2004, pp. 423 – 462.

179. He G. , Effect of CEO Inside Debt Holdings on Financial Reporting Quality and Stock Price Crash Risk. SSRN Working Paper, 2012.

180. Hui K. W. , Klasa S. , Yeung P. E. , Corporate suppliers and customers and accounting conservatism. *Journal of Accounting and Economics*, Vol. 53, 2012, pp. 115 – 135.

181. Hung M. , Wong T. J. , Zhang F. , The Value of Relationship-based and Market-based Contracting: Evidence from Corporate Scandals in China, Working paper, 2011.

182. Hutton A. P. , Marcus A. J. , Tehranian H. , Opaque Financial Reports, R^2, and Crash Risk. *Journal of Financial Economics*, Vol. 94, 2009, pp. 67 – 86.

183. Jensen M. , Meckling W. , Theory of The Firm: Managerial Behavior, Agency Costs, and Ownership Structure. *Journal of Financial Economics*, Vol. 3, 1976, pp. 305 – 360.

184. Jensen M. , Murphy K. , Performance Pay and Top-management In-

centives. *Journal of Political Economy*, Vol. 98, 1990b, pp. 225 – 264.

185. Jensen M. C. , The Agency Costs of Free Cash Flow: Corporate Finance and Takeovers. *American Economic Review*, Vol. 76 No. 2, 1986, pp. 323 – 329.

186. Jensen M. C. , The modern industrial revolution, exit, and the failure of internal control systems. *Journal of Finance*, 48, 1993, 831 – 880.

187. Jian M. , Wong, T. J. , Propping through Related Party Transactions, Review of Accounting Studies, Vol. 15, 2010, pp. 70 – 105.

188. Jiang L. , Kim J – B, Foreign Equity Ownership and Information Asymmetry: Evidence from Japan. *Journal of International Financial Management and Accounting*, Vol. 15 No. 3, 2004, pp. 185 – 211.

189. Jiang Li, Kim J – B, Pang L. , Control-ownership Wedge and Investment Sensitivity to Stock Price. *Journal of Banking & Finance*, Vol. 35 No. 11, 2011, pp. 2856 – 2867.

190. Jin L. , Myers C. S. , R^2 around the World: New Theory and New Tests. *Journal of Financial Economics*, Vol. 79, 2006, pp. 257 – 292.

191. Joh S. W. , Corporate Governance and Firm Profitability: Evidence from Korea before the Economic crisis. *Journal of Financial Economics*, Vol. 68, 2003, pp. 287 – 322.

192. Johnson S. , La Porta R. , Lopez-de – Silanes, F. , and Shleifer, A. , Tunneling. *American Economic Review*, Vol. 90 No. 2, 2000, pp. 22 – 27.

193. Kang J. – K. , Stulz R. , "Why Is There a Home Bias? An Analysis of Foreign Portfolio Equity Ownership in Japan" . *Journal of Financial Economics*, Vol. 46, 1997, pp. 3 – 28.

194. Kato T. , Long C. X. , Executive Compensation, Firm Performance and Corporate Governance in China: Evidence from Firms Listed in The Shanghai and Shenzhen Stock Exchanges. Institute for the Study of Labor (IZA) Discussion Paper No. 1767, 2005.

195. Khan M. , Watts R. L. , Estimation and Empirical Properties of A Firm-year Measure of Accounting Conservatism. *Journal of Accounting and Economics*, Vol. 48, 2009, pp. 132 – 150.

196. Khanna T. , Yishay Y. , Business Groups and Risk Sharing around the World. *Journal of Business*, Vol. 78, 2005, pp. 301 – 340.

197. Khanna T. , Yafeh Y. , Business Groups in Emerging Markets, Paragons or Parasites? . *Journal of Economic Literature*, Vol. 45, 2007, pp. 331 – 372.

198. Kim J. B. , Zhang L. , Does Accounting Conservatism Reduce Stock Price Crash Risk? Firm-level Evidence. City University of Hong Kong Working Paper, 2010.

199. Kim J. B. , Li Y. , Zhang L. , CFOs versus CEOs: Equity Incentives and Crashes. *Journal of Financial Economics*, Vol. 101, 2011b, pp. 713 – 730.

200. Kim J. B. , Li Y. , Zhang L. , Corporate Tax Avoidance and Stock Price Crash Risk: Firm-level Analysis. *Journal of Financial Economics*, Vol. 100, 2011a, pp. 639 – 662.

201. Kim J. B. , Yi C. H. , Ownership Structure, Business Group Affiliation, Listing Status, and Earnings Management: Evidence from Korea. *Contemporary Accounting Research*, Vol. 23 No. 2, 2006, pp. 427 – 464.

202. Kothari S. P. , Shu S. , Wysocki P. D. , Do Managers Withhold Bad News? . *Journal of Accounting Research*, Vol. 47, 2009, pp. 241 – 276.

203. La Porta R. , Lopez – De – Silanes F. , Shleifer A. , Vishny R. , Investor Protection and Corporate Governance. *Journal of Finance and Economics*, Vol. 58, 2000, pp. 3 – 27.

204. La Porta R. , Lopez – De – Silanes F. , Shleifer A. , Vishny R. , Investor Protection and Corporate Valuation. *Journal of Finance*, Vol. 57, 2002, pp. 1147 – 1170.

205. La Porta R. , Lopez-de – Silanes F. , Shleifer A. , Vishny R. , Law and Finance. *Journal of Political Economy*, Vol. 106, 1998, pp. 1113 – 1155.

206. La Porta R. , Lopez-de – Silanes F. , Shleifer A. , Corporate Ownership around the World. *Journal of Finance*, Vol. 54 No. 2, 1999, pp. 471 – 517.

207. Lemmon M. L. , Lins K. , Ownership Structure, Corporate Governance, and Firm Value: Evidence from the East Asian Financial Crisis. *Journal of Finance*, Vol. 58, 2003, pp. 1445 – 1468.

208. Lin C. , Ma Y. , Malatesta P. , Xuan Y. , Corporate Ownership Structure and Bank Loan Syndicate Structure. *Journal of Financial Economics*,

Vol. 104, 2012, pp. 1 – 22.

209. Lin C. , Ma Y. , Malatesta P. , Xuan Y. , Ownership Structure and the Cost of Corporate Borrowing. *Journal of Financial Economics*, Vol. 100, 2011, pp. 1 – 23.

210. Liu Q. , Zheng Y. , Zhu Y. , The Evolution and Consequence of Chinese Pyramids. Peking University & University of Hong Kong Working paper, 2010.

211. Luo W. , Zhang Y. , and Zhu N. , Bank Ownership and Executive Perquisites: New Evidence from an Emerging market. *Journal of Corporate Finance*, Vol. 17, 2011, pp. 352 – 370.

212. MacNeil I. , Adaptation and Convergence in Corporate Governance: The Case of Chinese Listed Companies. *Journal of Corporate Law Studies*, Vol. 2 No. 2, 2002.

213. Marino A. M. , Zaojnik J. , Work-related Perks, Agency Problems, and Optimal Incentive Contracts. *Rand Journal of Economics*, Vol. 39 No. 2, 2008, pp. 565 – 585.

214. Masulis R. W. , Pham P. W. , Zein J. , Family Business Groups around the World: Costs and Benefits of Pyramids. Working paper, 2009.

215. McConnell J. J. , Servaes H, Equity Ownership and the Two Faces of Debt. *Journal of Financial Economics*, Vol. 39, 1995, pp. 131 – 157.

216. Morck R. , Yeung B. , Yu W. , The Information Content of Stock Markets: Why do Emerging Markets have Synchronous Stock Price Movements? . *Journal of Financial Economics*, Vol. 58, 2000, pp. 215 – 260.

217. Morck R. , Shleifer A. , Vishny R. W, Management Ownership and Market Valuation: An Empirical Analysis. *Journal of Financial Economics*, Vol. 20, 1988, pp. 293 – 315.

218. Morse A. , Nanda V. , Seru A. , Are Incentives Contracts Rigged by Powerful CEOs? . *Journal of Finance*, Vol. 66 No. 5, 2011, pp. 1779 – 1819.

219. Murphy J. K, Executive Compensation, Handbook of Labor Economics, in: O. Ashenfelter & D. Card (ed.). *Handbook of Labor Economics*. 1999, pp. 2485 – 2563.

220. Ni Y. , Purda L. , Does Monitoring by Independent Directors Reduce Firm Risk? . SSRN Working Paper, 2012.

221. Nini G. , Smith D. C. , Sufi A. , Creditor Control Rights, Corporate Governance, and Firm Value. *Review of Financial Studies*, Vol. 25 No. 6, 2012, pp. 1713 – 1761.

222. Nini G. , Smith D. C. , Sufi A. , Creditor Control Rights and Firm Investment Policy. *Journal of Financial Economics*, Vol. 92, 2009, pp. 400 – 420.

223. Petersen M. A. , Estimating Standard Errors in Finance Panel Datasets: Comparing Approaches. *Review of Financial Studies*, Vol. 22, 2009, pp. 435 – 480.

224. Piotroski J. D. , Wong, T. J. , Institutions and Information Environment of Chinese Listed Firm. The Chinese University of Hong Kong Working Paper, 2011.

225. Piotroski J. D. , Wong, T. J. , Zhang T. , Political Incentives to Suppress Negative Financial Information: Evidence from State-controlled Chinese Firms. The Chinese University of Hong Kong Working Paper, 2011.

226. Qian Yingyi, Enterprise Reform in China: Agency Problems and Political Control. *Economics of Transition*, Vol. 4 No. 2, 1996, pp. 427 – 447.

227. Qian J. , Strahan P. E. , How Laws and Institutions Shape Financial Contracts: The Case of Bank Loans. *The Journal of Finance*, Vol. 62 No. 6, 2007, pp. 2803 – 2834.

228. Rajan R. G. , Wulf J. , Are Perks Purely Managerial Excess? . *Journal of Financial Economics*, Vol. 79, 2008, pp. 1 – 33.

229. Rajan R. , Zingales L. , Financial Dependence and Growth. *The American Economic Review*, Vol. 88 No. 3, 1998, pp. 559 – 586.

230. Richardson S. , Over-investment of Free Cash Flow. *Review of Accounting Studies*, Vol. 11, 2006, pp. 159 – 189.

231. Shin Hyun – Han, Young S. P. , Financing Constraints and Internal Capital Markets: Evidence from Korean "chaebols" . *Journal of Corporate Finance*, Vol. 5, 1999, pp. 169 – 191.

232. Shleifer A. , Vishny R. W. , A Surveyof Corporate Governanc. *Journal of Finance*, Vol. 52 No. 2, 1997, pp. 737 – 783.

233. Shleifer A. , Vishny R. W. , Large Shareholders and Corporate Control. *Journal of Political Economy*, Vol. 94 No. 3, 1986, pp. 461 – 488.

234. Sloan R. , Do Stock Prices Fully Reflect Information in Accruals and Cash Flows about Future Earnings? . *The Accounting Review*, Vol. 71, 1996, pp. 289 – 315.

235. Sunder S. , Riding the accounting train: from crisis to crisis in eighty years. Financial Reporting Conference, 2010.

236. Tan L. , Creditor Control Rights, State of Nature Verification, and Financial Reporting Conservatism. *Journal of Accounting and Economics*, 2012, Forthcoming

237. Thompson S. B. , Simple Formulas for Standard Errors that Cluster by both Firm and Time. *Journal of Financial Economics*, Vol. 99, 2011, pp. 1 – 10.

238. Wang Q. , Wong T. J. , Xia L. , State ownership, the institutional environment, and auditor choice: Evidence from China. *Journal of Accounting and Economics*, Vol. 46, 2008, pp. 112 – 134.

239. Watts R. L. , Conservatism in Accounting Part I: Explanations and Implications. *Accounting Horizon*, Vol. 3, 2003, pp. 207 – 221.

240. Watts R. L. , Zimmerman J. L. , Positive Accounting Theory, Prentice – Hall, Englewood Cliffs, NJ. 1986.

241. Wurgler J. , Financial Markets and the Allocation of Capital. *Journal of Financial Economics*, Vol. 58, 2000, pp. 187 – 214.

242. Yermack D. , Flights of Fancy: Corporate Jets, CEO Perquisites, and Inferior Shareholder Returns. *Journal of Financial Economics*, Vol. 80, 2006, pp. 211 – 242.

243. Zhang J. , The Contracting Benefits of Accounting Conservatism to Lenders and Borrowers. *Journal of Accounting and Economics*, Vol. 45, 2008, pp. 27 – 54.

244. Zhang T. , Corporate Layers and Corporate Transparency in a Transition Economy: Evidence from China. The Hong Kong University of Science and Technology Phd paper, 2004.

后　　记

　　本书基于我的博士论文修改而成。本书的完成和出版，需要感谢的人挺多。

　　首先需要感谢的是我的恩师。张瑞君教授，我的博士生导师，一位优雅、美丽、自信和勤奋执着的老师，学术精湛，对学生无比关爱。感谢张老师三年对我的培育、教导和帮助，一入学，张老师就要求我要踏实科研，并常常以理工科学校学生的勤奋刻苦鼓励我们，每次的师门讨论会，张老师的一番话总能让我们热血沸腾，要求自己不要懈怠。张老师也具有广阔的国际视野，常鼓励我写英文论文参加国际会议，没有她的鼓励，我想我的论文不可能被美国会计学会年会和世界金融年会接受并邀请做报告。张老师除了给我们学术指导外，还给我们提供各种与企业接触的机会，包括中石油的项目和国家"863"项目等，并且让我们参加与企业实践相关的会议，与中石油高层的接触和相关业务部门的交流，这些都能帮助我们理解和了解实务。张老师一贯主张做"有用"研究，在目前追求论文发表而较少注重论文实践意义的氛围下是何等可贵。张老师对我们的指导还体现在做人做事方面，教育我们要乐观地面对学习生活，在处理问题时要抓住主要矛盾。每当我郁闷情绪低落时，张老师手机短信或邮件形式的鼓励总能让我重拾信心，调节情绪，有这样的人生导师，实乃我幸。张老师的勤奋是我需要学习的，无数次打开邮箱，总能发现张老师在凌晨三四点时发的邮件，作为一个知名教授尚能如此刻苦，我辈汗颜。张老师的时间管理上的超凡能力和家庭事业的和谐，都是学生所美慕的。张老师的爱人——北京航空航天大学的王田苗教授，也是大名鼎鼎的专家，由于王老师工作繁忙，我们与王老师只有几面之缘，但仅有的几次交流，我也从中受益无穷，深表感谢。

　　许年行教授，虽无导师之名，实则完全可以说是我的另一位博士生指导老师。在读博士前，许老师的大名就如雷贯耳，他的文章见诸各大权威期刊，一直对他非常钦佩。有幸的是许老师给我们上了一门博士课程。许老师对学术的热爱和激情，勤奋严谨的作风，深深地感染了我。通过与许老师的合作，我的研究能力得以不断提高，感谢许老师。我想我们一起合作论文过程中的讨论和思辨，以及思想的迸发，我会永记于心。傅代国教授，我的硕士生导师，虽然公务繁忙，却总能在我需要的时候指导我，学业上的指导、职业选择上的点拨和帮助，学生感激不尽。王化成教授，基于对王老师的仰慕，博士报考的是王老师，感谢王老师将我推荐到张老师门下，给予我读博的机会，此等爱护，学生永记。杨勇教授和曹颖教授，是我在香港中文大学做研究助理期间的指导老师，他们在国际顶尖杂志上发表论文多篇，学术功力深厚，感谢他们对我的指导。特别提及的是，在CUHK期间，我们每周有一个中午的午餐会，这个时间由我从国际财务学排名前三和会计学排名前五的顶尖杂志中挑选14篇文章进行汇报，这种锻炼使我及时了解国际前沿，同时这些优秀学者在我汇报过程中的提问和对研究问题的评论增进了我对学术问题的评判能力，研究能力得到提高。由于这项活动举行比较成功，后来曾晓亮教授、Jeff教授纷纷加入，CU-HK的博士生刘洋、赖舒芳和董雅妹也加入到汇报队伍中，与他们相处和一起讨论论文的日子非常愉快，感谢他们。

感谢博士期间的授课老师，他们是人民大学的支晓强教授、汪昌云教授、孟庆斌副教授、吴武清副教授、美国内华达州立大学的刘春林教授、加拿大达尔豪斯大学的徐宽教授、香港城市大学的朱鑫东教授，他们的授课使我掌握了专业的基本理论、研究的国际前沿和方法论基础。感谢在我开题、预答辩和答辩过程中提出宝贵建议的老师们，他们是伊志宏教授、李焰教授、姜付秀教授、孙茂竹教授、宋常教授、况伟大教授、王雪老师，答辩时的校外专家刘玉平教授、田治威教授、赵贺春教授和刘焕亮教授。特别是姜付秀教授，对我的博士论文的逻辑框架和论文修改的建议，提升了论文的质量，我还记得预答辩中姜老师说的那句话：要将研究做好，要更多地了解实际。确实，好的研究是需要现实基础的，我将在以后的研究中进一步考虑研究的现实基础，感谢姜老师。感谢北京大学刘俏教授、罗炜教授、美国西肯塔基大学Kam C. Chan教授、厦门大学吴世农教授、长江商学院张维宁教授和墨尔本大学袁清波教授对本博士论文相关研究内容的评论和建议。感谢人民大学商学院财务与金融系和会计系邀请的许多知名学者带来的精彩学术讲座。此外，感谢陈君老师和施晓斌老师在我们博士培养事务上付出的辛勤劳动。

感谢我的同门：殷建红师姐、孙玥璠师姐、张永冀师兄、于涛师兄、李子祎师兄、徐婷芳师姐、程玲莎、孙寅师妹、赵金梅师妹、贾海波师妹和李洁师妹。感谢2010级财会博士班的同学朋友：刘行、叶松勤、杨扬、王成方、张顺葆、黄继承、江轩宇、聂晓军、于上尧、代旭、彭文伟、韩斯玥、徐宁、朱国荣、高强等（排名不分先后，请恕我不能一一列举），与大家一起学习生活的日子其乐融融。感谢我的室友邓路师兄给我提供的帮助。感谢我的本科同学徐小艺、李爽，小艺在北京工作，我们经常相聚，他时常请我到他家吃饭，是我最要好的朋友之一，李爽同学是我本科室友，我们经常联系，一起探讨人生，他的一些观点也常使我受益。感谢我的硕士同学孙占清、谌嘉席和杨光，虽然大家都很忙，但偶尔的问候常感同学情谊深厚。

感谢我现在的工作单位中央财经大学的李俊生教授、马海涛教授、白彦锋教授、樊勇教授等领导的关心和指导，感谢中央财经大学财政税务学院资产评估系各位老师的支持和帮助，当然也要感谢中央财经大学财政税务学院其他同事的帮助和鼓励，此外感谢博士生田粟源辅助校正书稿格式方面的工作和经济科学出版社王娟副编审提供的帮助。

最应该感谢的是我的父母。父母都是农民，善良而朴实，为我的成长辛劳一生，离开他们的抚育和教导，我是走不到今天的。从小家庭拮据，父母总是剩下钱给我买好吃的，初中开始住校，当家里有点好吃的时，父亲会到镇上载我回家吃，而母亲的厨艺也是村上闻名的。当我在县里上高中时，由于离家较远，父母来看我的次数就相对较少，但是每次来都给我最好的呵护。自上大学后，只是在大一、大二我每年回家两次，大三之后的求学生涯使我每年回家一次，每次回家父母都给我皇帝般的待遇。父母受教育不多，母亲更是目不识丁，但是他们的话总能激励我，让我好好读书。当我考虑家庭条件较差，趁早出来工作孝敬他们，犹豫是否读博时，父母毫不犹豫地支持我读博。这些年来我对他们的亏欠太多，再怎么好的孝敬都无法报答。永远无法忘记2012年5月22日，那天的清晨，姐姐从家里打来电话，说母亲被查是癌症晚期，我的心咯噔了一下，这怎么可能，眼前突然昏天地暗，即便在此时，父母依然叫我不要耽搁学业，等医院进一步治疗再回家，万万没想到的是，过了两天，家里传来母亲病危的消息，我痛哭流涕，坐了当天的飞机赶回家，可是已经来不及了，未赶上与母亲的最后告别。见到妈妈时，我已哭成泪人，父亲、姐姐和家里的亲戚使劲拉住我与母亲最后的亲密接触，我哭得歇斯底里。姐姐紧紧抓住我的手，说我们以后要与父亲寸步不离，看着落寞悲伤花白头发的父亲，我心在滴血，我心想，爸，我会让你成为最幸福的父亲。时至此刻，我依然相信我的母亲还活着，她默默地关注我的成长，她唯一遗憾的是没有看到我成家生小孩，当我在香港时，母亲给我通过电话，叫我早点成家生小孩给她带带，在生命垂危的那刻，还叮嘱我姐代她为她未来的儿媳买金银首饰（这是我们老家的传统），妈，儿子不孝，但请您放心，等我成家生小孩时，我会带他们到您的坟前祭拜，以告慰您的心灵。现在每次接到家里的电话，我都会心里紧绷，害怕听到父亲生病的消息。在此，我祈祷父亲永远健康快乐！感谢我的姐姐、姐夫在我求学这些年对父母无微不至的照顾，也感谢他们对我的关心爱护。感谢我的岳父、岳母对我的关爱和帮助。特别感谢的是我的妻子董红晔女士，我们相互支持和鼓励，人生道路上有她的陪伴是我最大的财富。

公司的股价崩盘风险是近年来财务学研究的热点话题，也是我的主要研究领域，本书的研究是我在这个领域的一部分研究成果，希望这些粗浅的研究能对未来该方向的研究有所启示和帮助，也算是这本书出版的意义。由于作者学识有限，书中难免有不足之处，恳请读者批评指正，也欢迎对该研究领域感兴趣的读者与我一起交流探讨。

李小荣

2017 年 3 月修订于中央财经大学